新版
幼児理解

谷田貝公昭 [監修] ・ 大沢 裕 [編著]
Yatagai Masaaki　　　Osawa Hiroshi

まえがき

　現代は、「多様性」がキーワードとなっている社会である。画一的ではなく、多様であることが認められ、かつ多様であることに対して、私たちは寛容でなければならない。

　保育の世界も全く同様である。多様であるところの子どもたちをいかに理解し、保育するか、それが今日の保育者の大きな課題である。

　しかし、裏を返せば、今までややもすると画一的にしか子どもを観てこなかった保育界の反省も、この課題を切実なものにしている。

　多様な子どもを理解するためには、特定の尺度にこだわったり、その尺度の学問的な精度を上げていくことはさほど重要ではない。むしろ、幅広い見方をするための、多様な尺度があることを知り、そうした見方を保育者が持つことが必要である。この意味で、「幼児理解」を保育者養成課程の科目として設定するのはもちろんのこと、それを主要科目として認知することが、ますます必要になってきている。

＊

　この必要性、重要性に鑑み、本書が企画されることとなった。

　本書の特徴は、多様である子どもたちを理解するための、まさにさまざまな観点が盛り込まれているところにある。

　しかもこの観点として、知的な見方だけではなく、心情的な理解、その視点を積極的に取り入れることとした。

　私たちが期待しているのは、本書に触れた読者の方々が、これまで意識していなかった子ども理解の尺度・観点に気づくこと、それに少しでも寄与する、ということである。

まえがき

　各章の執筆には、保育者養成校の一員として日々教鞭^{きょうべん}をとられ、かつまた学識高い、全国の先生方に担当していただいた。執筆頂いた先生方の熱意が、読者の皆様に伝わればと思っている。

　周知のように、2016年には文部科学省より、「幼児理解」も教職課程コアカリキュラムの対象科目として指定されることになった。これに従い、本書も改定に取りかかったが、結果として、何人かの先生方に新たに執筆を依頼した以外は、わずかの箇所のみの加筆・修正で対応することができた。これもひとえに、本書刊行時から執筆頂いた方も含め、本書にかかわった全ての先生方の識見、また尽力のたまものである。

＊

　シリーズものではない本書の刊行、さらに新版改定にあたり、一藝社の菊池公男会長は本当に好意をもって采配してくれた。また、一藝社の皆さんは一致団結して本書の実現のために支援してくれた。中でも直接の編集を担当した松澤隆さんは、企画の段階から真摯に対応し、通常の編集以上の貢献・支援をしてくれた。編者が直面した諸々の局面に対処することを助けてくれた。心から感謝の言葉を述べたい。

　編者としては、本書の発刊が保育者養成のための一助となり、保育者の実践に少しでも役立つものとなれば、これに勝る幸せはない。

　　2018年6月

編著者

もくじ

まえがき 2

第1章 幼児教育の基本 ── 幼児理解の必要性と概要 8

第1節　幼児理解の必要性 8
第2節　保育の基本と幼児理解 12
第3節　幼児の多面的理解 16

第2章 子ども観の歴史1 ── 諸外国の場合 20

第1節　古代・中世 20
第2節　近世 24
第3節　近代 27
第4節　現代の子ども観 31

第3章 子ども観の歴史2 ── わが国の場合 34

第1節　江戸時代の教育 34
第2節　明治時代の教育 36
第3節　大正時代の教育 39
第4節　昭和戦前の教育 40
第5節　戦後の教育 42
第6節　平成期の教育 44

第4章 わが国の法規等から見た子ども観 46

第1節　子どもの権利に関する法規と児童福祉法 48
第2節　教育関連の法規 50
第3節　3法令── 幼稚園教育要領、保育所保育指針、幼保連携型認定こども園教育・保育要領 53

もくじ

第5章 発達段階理論 ── 心理学的視点から ････････････････ 56
第1節 発達段階と発達過程 ････････････････････ 56
第2節 ピアジェの認知発達理論 ････････････････ 58
第3節 エリクソンの社会的発達理論 ････････････ 63
第4節 ハヴィガーストの発達課題論 ････････････ 65

第6章 幼児理解の方法1 ── 行動観察 ････････････････････ 68
第1節 行動観察 ････････････････････････････ 68
第2節 個人行動記録 ････････････････････････ 71
第3節 参加観察法 ････････････････････････ 74

第7章 幼児理解の方法2 ── 知的行動 ････････････････････ 78
第1節 知能 ････････････････････････････ 78
第2節 感覚 ････････････････････････････ 82
第3節 感情(情動) ････････････････････････ 84
第4節 言語 ････････････････････････････ 86
第5節 思考 ････････････････････････････ 88

第8章 幼児理解の方法3 ── パーソナリティ ････････････ 91
第1節 幼児のパーソナリティ ････････････････ 91
第2節 パーソナリティに関する基礎理論 ････････ 93
第3節 遊びや制作活動を通した幼児のパーソナリティ理解 ･･ 96
第4節 描画や作品を通した幼児のパーソナリティ理解 ･･ 98

第9章 幼児理解の方法4 —— 社会性 101

第1節　幼児の社会性の発達 101

第2節　愛着の発達 —— 愛着形成が対人関係の土台となる 102

第3節　心の理論 —— 他者の"心の状態"を理解する 105

第4節　自己調整機能の発達 —— 自分をコントロールする力 107

第5節　協同的な活動 —— 幼児期における芽生えと育ち 108

第10章 具体的な幼児の捉え方 —— 保育カンファレンス 111

第1節　保育カンファレンスと幼児理解 111

第2節　保育カンファレンスでの幼児理解 115

第11章 個と集団の力動的関係の捉え方 —— 個性と道徳性 121

第1節　子どもの個性と道徳性 121

第2節　道徳性の発達 126

第3節　集団遊びを通して育つ道徳性 129

第12章 特別な支援を必要とする幼児の理解 132

第1節　「特別な支援を必要とする幼児」とは 132

第2節　知的障害のある子ども 133

第3節　身体に障害のある子ども 135

第4節　情緒障害のある子ども 138

第5節　自閉症スペクトラム障害のある子ども 140

もくじ

第13章 教師の姿勢と幼児に対する共感的理解−肯定的見方の意義 143

第1節　幼児とかかわる教師 ……………………………… 143

第2節　共感的理解 ………………………………………… 147

第3節　肯定的見方の意義 ………………………………… 150

第14章 幼児を知るための保護者理解 154

第1節　幼児と保護者と保育者の関係 …………………… 154

第2節　社会状況の理解と保護者支援 …………………… 156

第3節　保育事例からひもとく保護者理解 ……………… 158

第15章 保育の改善の視点 — 保育記録・保育評価・全人的評価 165

第1節　保育における評価とは …………………………… 165

第2節　見える保育とするために — 保育日誌の重要性 … 167

第3節　指導要録の記し方 ………………………………… 168

第4節　子どもを、全体として理解し、評価すること … 170

第5節　子どもの天性の素質を理解、評価する重要性 … 172

監修者・編著者紹介 …………………………………………… 177

執筆者紹介 ……………………………………………………… 178

第1章

幼児教育の基本

―幼児理解の必要性と概要―

第1節　幼児理解の必要性

1　幼児理解の方向

　人間の全ての活動は、基本的に、かかわる対象を理解することから始まる。もちろん、保育も例外ではない。保育者もまた、幼児のなんたるかを知らずして教育を実践できないことは改めて言うまでもない。

　この場合、「幼児とは何か、その知識・理論を知る」という面と、「幼児の実際、現実を把握する」という面の二つの方向がある。

　幼児とは何かを概念的＝観念的に知ることと、幼児の実際の姿を知ることとは、決して同じではないことに注意しなければならない。この両者の知識は、一致する点はあるものの、必ずしもぴったりと同じことを現しているわけではない。

第1章　幼児教育の基本──幼児理解の必要性と概要

　それは言葉をかえて言えば、幼児の存在を定義することができたとしても、それだけで幼児の現実を理解したことにはならない、ということである。逆にまた、幼児と触れさえすれば、幼児のことが分かったと考えるのも、これまた早計である。

　それはなぜか？　個々の保育者が触れる幼児たち、その数は限られている。その幼児たちはかけがえのない個性を持っているものの、保育者が理解する幼児の範囲は、個々に触れ合う幼児たち全体の数を超えることはない。したがって、その保育者の幼児理解は、決して普遍的なものだということはできない。

　より普遍的・客観的な理解のためには、子ども、そして幼児に関する知識を学び、理論を知る必要がある。もちろん、保育者は学者ではないのだから、誰しもが幼児の普遍的な把握を究める必要もない。しかし、個々の具体的な幼児理解、経験に頼る実践的な幼児理解には、紆余曲折があり、回り道もあまりにも多い。

　また、どうしても経験の限界から来る偏りが生ずる。例えば、経験値からだけでは、未知の、新しいタイプの幼児を理解することは難しい。より深い幼児理解に至るためには、実際の幼児の姿の把握とは別に、幼児のなんたるかを理論的に捉えることが必要なのである。

　もちろん「幼児という観念」と「幼児という現実」を比較したとき、いっそう、現実の姿に重きがおかれるべきことは、改めて言うまでもない。保育者は、観念としての幼児に触れるわけではなく、現実の幼児と日々触れ合い、幼児の育ちを支援するからである。

　一般に、理解のしかたには二つの方法がある。まず、基本の知識・理論を学び、そこから現実の姿を捉えていく方法。これは、演繹法の考え方に基づく。他方で、現実の姿に繰り返し接し、そこから普遍的な真理を把握していく方法。これは、帰納法の考え方に基づく。

　現実の幼児理解としては、以上の二つ、理論として幼児を知る方向と、実際・現実の幼児を知る方向の両方が必要なのである。重要なことは、

9

一方向に偏ることなく、保育者自身の幼児理解をいっそう早く、確実に深めていくことである。

2　人間としての幼児

では、幼児とは、そもそもどのような存在として捉えることができるのだろうか。

改めて言うまでもないが、幼児はヒトという生物の一形態である。言うこともはばかられるが、幼児はモノではない。モノと生物との違い、それは何か。モノには能動性がなく、環境の影響を単に受けるだけである。しかし、生物はそうではない。環境の影響を受けつつも、その環境に対して働き返す存在である。

このように、生物は、自分のおかれている環境からの刺激に応答していく。さらに人間は、環境の影響を単に受けとめ、環境そのものに働き返すだけではなく、さらには、この環境を積極的かつ根本的に変えていくことができる。また人間は、そうした力を身につけていくことができる存在なのである。

後の章で述べることを、簡単に先取りしよう。子ども、または幼児が「ヒト」であることについては、まったく異議をさしはさむ余地はない。しかし、意外なことに思えるかもしれないが、人類の長い歴史からみて、幼児が「人間的」であるかどうかについては議論の的となってきた。

ある人間学では、人間の特徴を、①直立姿勢、②道具の使用、③文字の使用、④表象能力、と捉えている。これを突きつめていけば、まだ立つことのできない幼児、モノを道具として扱うことのできない幼児、文字を書けない幼児、まだ表象能力を獲得していない幼児は、人間ではないのか、という問題に行き着いてしまう。

もちろん、いま私たちは、①から④までの能力を十分に身につけていない幼児たちでもすでに人間的であることを、直感的に知っている。それでは、この矛盾をどのように考えたらよいのだろうか。

幼児期とは、乳児期を過ぎてから就学前に至るまでの時期のことを指す。したがって幼児とは、その時期に生活し、生きる子どもたちのことである。幼児の存在は「児童の権利に関する条約（子どもの権利条約）」(第4章 第1節参照)に代表されるように、子どもの権利の観点から把握することも可能である。幼児には、教育・保育を受ける権利がある。また、これを受けなければならない存在である。例えば、ランゲフェルド（M. J. Langeveld, 1905 ～ 1989）は、人間を「教育されるべき存在」(homo educandus)と定義した。幼児もまた、「保育されるべき存在」として定義できるであろう。

幼児理解の核心は、究極には幼児を一人の人間、人格として理解し、そうした人格として接するということに尽きる。

教育基本法第11条にも、「幼児期の教育は、生涯にわたる人格形成の基礎を培う重要なものである」と明記されている。ここで「人格」とは、いわゆる「人格者」と呼ばれるような、徳の高い人物のみによって体現されるものではない。人格は、大人になってからはじめて獲得されるものでもない。人格は平易に、その人の「人となり」と理解することもできるが、つまるところ、人格は「人間性」（humanity あるいはHumanität）の現れである。

幼児期はもちろんのこと、新生児期から、「人格」はすでにあるものとしてかかわらなければならない。それは乳児も幼児も、人間の一員としては、大人となんら変わることがないということである。幼児は一人の人間として十分に尊重され、処遇されなければならない。

3　遊ぶ存在としての幼児

「遊び」とは何か？「遊び」とは、活動それ自体が目的であるような活動である。それは、活動以外に固定した目的があるわけではなく、活動すること自体に関心・興味が集中するところに特徴がある。

この意味で「遊び」は狭い意味の目的活動からは区別される。人間の「快・不快」の感覚・判断によって、活動継続の可否が決まる活動である。

「快」が続けば遊びは継続され、「不快」となったとたん遊びは中断される。

　また、遊びのいっそう複雑なところは、少しの「不快」を伴っても、より大きな「快」が得られると期待できるならば、継続される余地を残す活動である、ということである。しかしその場合でも、原則的には、結果として「不快」の総量が「快」の総量を上回ることがない。

第2節　保育の基本と幼児理解

1　保育の基本 ── 幼児理解の観点から

　「幼稚園教育要領」では、「幼児教育の基本」として３点が挙げられている。

　一つめに安定した情緒の確立、二つめとしては総合的活動としての遊びの尊重、三つめは発達の多様な経過と個性に着目すること、である。これにしたがえば、幼児がどういった情緒の状態にあるのか、どのような遊びをしているのか、どのような発達をたどっているのか、幼児の個性はどのようなもので、どのようにして花開きつつあるのか、ということを把握することが幼児理解のポイントとなる。

2　安定した情緒

　保育の大前提は、幼児の情緒が安定している、ということである。心情的に不安定な人間が、十分にして有意義な経験を積み重ねることはできないという事実からも、そのことは明らかである。

　例えば、幼稚園入園直後の幼児たちの中には、母親から引き離されることにより、情緒的に不安定になる幼児が出てくる。それは、いつも甘えている存在が近くにいなくなり、自分を受けとめてくれる人間がそばにいないと直感的に把握し、不安を感ずるからである。したがって、幼児の気持ちを受けとめる人間の存在が不可欠になり、そのためにこそ、

12

第1章　幼児教育の基本──幼児理解の必要性と概要

幼児の気持ちを理解できる保育者の存在が重要なものとなる。

　先に述べたように、保育は人格形成の基礎段階を預かるものである。それは単に保育が知育によってのみ成り立つものではないことを明確に示している。特に感情的なもの、情緒的なものが保育の基盤となっている。

3　幼児を育てる環境

　さらに保育は、環境を通して行う教育であることに注意を払う必要がある。それは、保育者もまた環境の一つとなって、より多面的な方向から幼児に影響を及ぼす、ということである。

　「環境を通して」という表現は、遊びが何よりも主体的な活動であることを指し示す。保育者が幼児に強制力を発揮すると、とたんに幼児の活動は、遊びではなくなってしまう。しかし「環境を通して」の教育は、保育者が幼児に直接的に働きかけることを否定するものではない。

　保育は、あくまでも幼児の主体性を重視すべきである。それは、幼児の活動が主として遊びを通して展開されるからである。では、そうした遊びをする幼児を対象にして、保育者の意図、すなわち「こう育ってほしい」「こうした力を身につけてほしい」といった気持ちは、保育の上でどのように反映されるべきなのであろうか。

　重要なのは、保育者の意図や願いは、環境構成に反映させるべきもの　であって、幼児の育ちを勝手に先取りしたり、あらかじめ取り決めたり　するものではない、ということである。幼児の育ちの方向が保育者の意図とかけ離れた場合、幼児の育ちの現実に合わせて、保育者の意図は、直ちに修正されなければならない。保育者の意図は、幼児の育ち、大き　く言えば、幼児の幸福にしたがうべきものである。

　このように、保育は「環境を通して」の教育である。その場合、保育的な環境としては、人的環境もあれば、物的環境もある。この二つは、観念としてはっきり区別することも可能であるが、そうした区別を厳密にし、別々に議論することは、あまり意味がない。確かに、原野に代

13

表される自然環境のように、保育者が操作できない環境もある。しかし、幼児を取り巻く環境は、大部分、人間の意図や願い、広く言えば、習慣、習俗、慣習、生活様式、文化が反映されたものであり、これらのものから養分を得て、幼児はその人となりを形成していくことになる。

さらに言えば、自然環境さえも、保育者がある程度意図的に、保育の計画の中に取り入れることができる。例えば、園外保育で幼児を山に連れて行くとすると、幼児はそこに行くことでしか体験できない環境の影響を受けるであろう。しかし、保育者がこの園外保育を企画しなければ、幼児はそうした自然環境の影響を受けることができなくなる。この意味で、保育は確かに「環境を通して」の働きかけという面を持つが、保育者の意図は相当程度、「環境に反映される」し、また、反映されるものと保育者は心得ていなければならない

4　総合的経験

環境とかかわりながら、幼児は遊びを展開する。この遊びは、幼児が知・情・意、そして、身体力を結集した活動である。したがって、遊びを通じての保育とは、直ちにそれだけで総合的な指導を行っているものだと言ってよい。

総合的な指導という意味には、もう一つの側面がある。遊びは、そのままに放置されると、偏った経験しか生み出さないおそれがある。したがって、偏った経験となることを防ぎ、多面的な経験を促進するよう、保育者は幼児の遊びが偏ったものとならないように、幼児の遊びに対して、間接にも直接にも、働きかけなければならない。

しかしそれは、決まりきった特定の経験群を編成・構成し、順番に設定して与える、といった単純なものではない。幼児の経験が遊びを通じたものである限り、幼児の経験もまた、幼児の気持ち、関心、意欲、態度によっていかようにでも展開しうるものだからである。

つまり、保育における総合的な指導とは、幼児の意図せざる遊びと展

開、そのことによる思いがけない経験にまで、可能な限りつきしたがい、それに柔軟に対応するものでなければならない。保育は、決められた路線を歩む単純なレールのように捉えるべきものではない。

5　個性の発揮

ところで、幼児の経験は、幼児一人ひとりの特性の反映である。同時に、幼児の特性と個性を、さらに育むものでもある。幼児の個性は、一方では遺伝的・素質的な要因、他方では後天的な環境の影響による結果として生じる。決して保育者が、意図してつくり出すものではない。個性は、保育をする上での把握すべき前提条件である。同時に、保育は、幼児の　個性をいっそう開花させる役割をも果たすことになる。

幼児の個性とは、育ちの素質的要素、現在ある時点までに受けてきた自然環境・社会環境などの結果が反映されたものであり、厳密に言えば一つとして同じ個性はあり得ない。10 人の子どもがいれば、どの子どもも、他の子どもとは違った、独自の素質と背景を持って育ってきたのである。

しかし、どの子どもも、いずれの尺度にも当てはまらないような性質や、他者から理解不可能なほどの独自性を持っている、と判断するのは行き過ぎである。多面的な尺度の中から一つを取り上げ、その尺度から子どものあり方を測定したとき、そこで得られた結果は、他の子どもたちと比較しうるものである。

例えば、知能という尺度で見れば、「IQ」（**第7章 第1節参照**）が100の子どもは、数多く存在している。しかし、この数値だけを見ても、その子どもの知能の中身・内容を推し量ることはできない。

より多面的な見方や尺度を組み合わせ、総合的に一人の子どものことを考えたときに、その子どもの特性や個性は、その子どもだけの固有のものであると初めて言うことができるのである。

6 保育者の役割

　以上のような環境のかかわり、遊びの意味、個性への理解を踏まえると、保育者の役割は極めて重大である。幼児の育ち、発達を相当程度決定する影響力を持ちうるのが保育者であり、幼児の特性・個性を最大限に開花させる使命を帯びるのも保育者である。

　もちろん、一人の保育者では、この使命を果たしうるにも限界がある。保育者が自らの使命を果たすためには、保育者集団が、組織立って保育の課程を編成すること、園としての最善の環境を構成することが必要である。

　また、保育者が幼児の保育に尽力するためには、家庭・社会の協力は欠かすことができない。その幼児の家庭を知り、その幼児がおかれている社会を知ることも（間接的かもしれないが）、幼児のより深い理解のために、必須な要件であると言えよう。

　つまり、幼児へのより深い理解に向かう姿勢がなければ、実り多き保育を実践することは不可能である。幼児を理解することは、保育の核心に位置する要件であり、保育の基本であると言わざるをえない。

第3節　幼児の多面的理解

1　子ども観・保育観と幼児理解

　幼児理解は、幼児を理解しようとする大人が持っている子ども観・保育観・教育観と密接に関連している。例えば、幼児を単に無能な存在と見なしたり、賞罰でのみ動く存在と考えたりすることは、真の意味で、幼児を理解していないと言うべきであろう。しかし「真の意味で」という限定をはずすとすれば、それは確かに、その大人なりの幼児理解の結果なのである。

第1章　幼児教育の基本──幼児理解の必要性と概要

　広い意味で幼児理解の歴史は、子育てというものが発生したときから、すなわち、人類が誕生したときから、始まったとも言える。古代・中世・近世には、それぞれ特徴的な幼児観があったのである。

　一方、我が国では、江戸時代と明治時代以降、また大正時代、昭和時代、平成時代と、子どもに対する見方が変遷してきた。子どもの理解は当然、その時代の風潮を反映したものである。実現しているかどうかは別として、保育・教育の上で、いまほど、子どもの個性や自主性が意識され、注目されている時代はないと言ってよいかもしれない。

　こうした子どもの理解は、法規の上にもはっきりと現れている。「教育基本法」「児童憲章」「児童の権利に関する条約（子どもの権利条約）」は、（時代に制約されたものであるかもしれないが）現時点での最良・最善と考えられる子ども観を前提としたものである（第4章 第1節参照）。

2　発達段階の把握

　幼児期は、乳児期と児童期のはざまに立つ子どもの時期であり、具体的には、1歳ないし1歳半頃から6歳までの期間になる。したがって、幼児期の子どもを理解するためには、人間の発達の道筋を見通すと同時に、乳児期や児童期とは異なる幼児期独自の特徴についても、保育者はしっかりと目を向け、その傾向を把握しなければならない。

　人間の発達段階は、それこそさまざまな思想家、科学者、実践家、教育学者、保育学者たちが明らかにしてきた。例えば、ピアジェ（J.Piaget, 1896～1980）、ハヴィガースト（R.J.Havighurst, 1900～1991）の示した発達の理論は、幼児を理解する上で大いに参考になる。

3　多面的な幼児理解

　幼児は、言葉を発する前から自らの直感で得た印象を蓄積し、成熟してから言葉を発するようになる。また、言葉を使って具体的な事物を操作する段階から、抽象的な数や形の操作、抽象的な思考へと展開する。

心情の面では、幼児の心は単純・無邪気さから出発する。そこから愛と信頼、感謝や従順などの徳目を身につけ、自らの心情を自己展開するようになる。

　意志の面では、幼児期にしっかりとしたものにはなりにくいが、がまんの気持ち、がんばる気持ちが基礎となって、やがて、自己をコントロールする力、意志力の基礎を身につけていくようになる。

　社会性の面では、最初は家庭における親子関係から出発し、兄弟姉妹、祖父母、同居人、隣人、友人へと展開する。さらに、保育者との充実した人間関係を基盤として、幼児は育っていく。

　身体的な面では、まず五感（視覚、聴覚、触覚、味覚、嗅覚）に注目すべきである。しかし、五感はバラバラに働くのではなくて、統一して働くのである。幼児は興味・関心のあるものに自分の五感を全て集中させるからである。この意味でも、幼児は感性的存在である。

　また幼児の運動を、その要素から分析することも可能である。歩く、立つ、投げる、ねじる、たたく、跳ぶなどの動作が組み合わさって運動ができあがっていく。しかし、個々の運動の要素が別々に鍛練されれば、

　総合的な運動が直ちに可能になるわけではないという視点が重要である。また、幼児期に特にかかわっているのは、基本的生活習慣、つまり睡眠、食事、清潔、排泄、着脱衣など、生活の仕方の修得である。

4　肯定的・共感的な理解

　根本的に保育者は、幼児をある種の感情を持って眺める見方、もっと言えば、幼児の行動・気持ちに共感し、個々の行動と気持ちを肯定的に見る見方を、保育者は持たねばならない。

　幼児の行動・活動を否定的・消極的に見るのではなく、それをより望ましいものとして把握し、信頼し、より善に向かうものとして見なければならないのである。この意味で、幼児理解とは、単に科学的・客観的なデータを得るのみでは、成立しえないものである。

幼児の肯定的・共感的な理解は、特別に支援を必要とする幼児を対象とするときにも、いっそう重要である。特別に支援を必要とする幼児たちは、ややもすると偏見・差別の対象とされがちになる。保育者の幼児たちへの視点は、決して、同情したりあわれんだりする態度であってはならない。

特別に支援を必要とする幼児は、知的障害、情緒障害、身体的障害などのさまざまな尺度・視点から理解する必要がある。どのような支援が必要であろうとも、温かみを持った目で、統一された人格を持つものとして、その幼児のことを尊重することが、何よりも重要である。

幼児に対して同じ人間として平等であり、かつ尊いという気持ちを持つこと、同時に、慈愛に満ちあふれた視線で幼児を捉えることが寛容である。それは、単に同情したり、あわれんだりする視点とはまったく異なった次元のものであることに、くれぐれも注意すべきである。

さて、これまでさまざまな視点から幼児の理解について、基本的なことを述べてきた。では、保育者として幼児を理解することの中心には、何 があるのだろうか。

重要なのは、自らの保育活動を振り返り、評価するとともに、自分の幼児理解が絶えず正当、公平かつ根拠のあるものであったかを改めて問い返す行為である。幼児理解には、評価・反省が深く関係している。

そして、どのような幼児理解にも、保育の評価にも共通していることがある。それは、どちらも幼児の発達・幸福をめぐって展開するものだということである。幼児をより深く理解しようとするのは、ひとえに幼児の発達と幸福を願ってのことであり、それ以外の核はありえない。

【参考文献】

『平成29年告示 幼稚園教育要領 保育所保育指針 幼保連携型認定こども園教育・保育要領』チャイルド本社、2017年

（大沢　裕）

第2章

子ども観の歴史1

─諸外国の場合─

第1節 古代・中世

1 スパルタの子ども観

　古代ギリシアでは、市民たちが直接的に運営する都市国家ポリスができあがっていた。代表的なポリスのひとつスパルタでは、戦士の育成を目的とした、いわゆる「スパルタ教育」を行っていた。子どもは、強健でなくてはならなかった。そのため、優生学的結婚制度によって、強健な男女、とりわけ強健な母親をつくろうとした。その母親から多くの子どもを得ようとしたのである。

　生まれた子どもをブドウ酒の中に入れて、それに耐えた子どもだけを長老が身体検査した。身体が弱い子どもは遺棄された。足の運動の邪魔になるため、オシメをせず、夜間戦闘に備え、普段から暗いところで育

てたりした。7歳になると、両親のもとを離れ、国家のつくった場所で、約10年間、共同生活をした。日常生活は、身体鍛錬のために裸足、草の上で睡眠、食べ物はあまり与えられず、ときには食べ物を盗んでくるよう命令された。跳躍、ヤリ投げ、円盤投げ、レスリング、パンクラチオン（格闘技）などの体育を中心とした。読み書きに関してはわずかだった。

子どもは国家の成員であり、子ども期は戦士育成のための時期であったのである。

2　アテナイの子ども観

もうひとつの代表的なポリスであったアテナイでは、どうだろうか。

プラトン（紀元前5～4世紀）は『国家』において、教育を国家という組織との関連において捉えている。国家は3つの階級から成り、それぞれに有すべき《徳》がある。①哲人階級－《知恵》、②軍人階級－《勇気》、③生産階級－《節制》である。加えて、それぞれの階級の《徳》として④《正義》がある。4つの《徳》が備わったとき、国家は完全に善なる国家となる。

人間の魂にも3つの部分がある。思惟的部分、気概的部分、欲望的部分である。思惟的部分の《徳》が「知恵」、気概的部分の《徳》が「勇気」である。各部分に調和と秩序をもたらすのが「節制」である。そして、それぞれの部分がそれぞれの役割をはたすのが正義である。

アテナイでは、子ども期は、このような理想的な国家を実現するための過程とみなされた。プラトンの教育思想では、次のようである。いわゆる子ども期に当たる頃、おおむね17、18歳までの少年期には、音楽、文芸、造形美術、体育などの自由学習を行う。この時期は、基礎陶冶の段階である。後に行う知的陶冶の準備段階として、情意的陶冶と低次の知的陶冶を含んでいた。強制的ではなく、遊戯的に行うべきである、とした。

3　ローマ人の子ども観

　古代ギリシアの子どもが「国家の子ども」であったのに対して、古代ローマの子どもは「家庭の子ども」であった。幼児は家庭において母親から教育を受けた。青少年になると、父親が教育の担当となった。父親は子どもに対する絶対の権限をもっていた。あたかも父親の「物」であるかのようだった、という。「十二表法」（紀元前451年）の第4表には次のようにある。

　家父長の権利について
　・醜い子どもは殺さなければならない。
　・父親が息子を奴隷として三度売った場合、息子は父親から自由になれる。

　後のローマ帝国時代にも、この「十二表法」の理念を引き継いだ。

4　キリスト教の子ども観

　ローマの「十二表法」とは異なる心的態度を示す子ども観が登場する。キリスト教である。ローマでは、コンスタンティヌス帝のミラノ勅令（313年）によってキリスト教が公認される。キリスト教徒が飛躍的に増えていった。彼らは、キリスト教の母体となったユダヤ教の「子殺しは殺人である」という信念を引き継いだ。

　『聖書』の中には、幼い子どもを尊重する言葉が随所にある。最も有名な箇所を紹介しておこう。

　そのとき、弟子たちがイエスのところに来て、「いったいだれが、天の国でいちばん偉いのでしょうか」と言った。そこで、イエスは一人の子供を呼び寄せ、彼らの中に立たせて、言われた。「はっきり言っておく。心を入れ替えて子どものようにならなければ、決して天の国に入ることはできない。自分を低くして、この子供のようになる人が、天の国でいちばん偉いのだ。わたしの名のためにこのような一人の子供を受け入れる者は、わたしを受け入れるのである」（新共同訳『新約聖書』「マタイによる福音書」第18章1-5）

第2章　子ども観の歴史1 ——諸外国の場合

　当時、人々は、子どもを愚かで不完全で無価値、とみなしていた。これにたいして、イエスは子どもに信仰者のあるべき姿を示した。未熟な者を受け入れる態度をもたせようとしたのである。

5　中世の子ども観

　中世はキリスト教の時代であった。中世の子ども観については、フランスの歴史家アリエス（P. Ariès, 1914 ～ 1984）の「中世社会には子ども期という観念はなかった」との主張が有名である。
　アリエスは『〈子供〉の誕生』の中でこう言う。

> 　子ども期に相当する期間は、「小さな大人」がひとりで自分の用を足すにはいたらない期間、最もか弱い状態で過す期間に切りつめられていた。だから身体的に大人とみなされるとすぐに、できる限り早い時期から子どもは大人たちと一緒にされ、仕事や遊びを共にしたのである。ごく小さな子どもから一挙に若い大人になったのであって、青年期の諸段階をすごすことなどない。

　注意しなくてはいけないところがある。ここで、アリエスが言っているのは、子どもの世界と大人の世界を区分する境界があいまいだった、という点である。
　ほぼ7歳以降の子どもは、大人の世界に属していた。ただし、それは大人と同じ地位や役割をもっていた、という意味ではない。中世には妊娠、出産、保育、離乳、そして、育児に関する理論や慣習があった。例えば、「7歳までは優しく育てるべき」といった事柄である。中世社会は「幼児期」を特別な人生段階であると位置づけていたのである。

23

第2節 近世

1 エラスムスの子ども観

ルネッサンスにおいて、子どもは「特別に高貴な場所」を占めていた。子どもは国家の未来を開く鍵を握ると考えられていた。それは早期教育の重視につながった。

この時代の代表的な論者は、オランダのロッテルダム出身の人文学者、カトリック司祭、神学者、哲学者エラスムス（D. Erasmus, 1466〜1536）である。古典文化に基づく書籍により当時の教会を批判し、宗教改革の先駆となった。ただし、宗教改革者にたいしても批判的であった。育児や教育に関する著作も多数ある。

エラスムスの子ども観の特徴は「蜜蠟」にたとえる点にある。「蜜蠟（Beeswax）」とはミツバチの巣を構成する蠟を精製した物質をいう。中世ヨーロッパでは教会のろうそくに用いた。その特性は、どのような形にもできる柔らかさにある。

エラスムスによれば、子どもは形の整っていない肉の塊である。ただし、知識を求める願望の種を有している。だから、この子どもを、動物のようにしてしまうか、神のようにすばらしい人間にするかは、親の責任である。とりわけ、父親に責任があるという。

また、注目すべきは、教授における「遊び」の重要性と、体罰への反対を表明している点である。来たる「子ども観の変容」への先駆であった。

2 プロテスタンティズムの子ども観

子ども観が厳格な方向へ変容するきっかけとなったのは宗教改革である。プロテスタントの誕生である。ルター（M. Luther, 1483〜1546）は、一人ひとりが『聖書』に記された神の救いの言葉を読み、純粋な信仰を

第2章　子ども観の歴史1 ──諸外国の場合

持つべきであるとした。そのため、『聖書』をドイツ語に翻訳した。それ
はグーテンベルグ（J. Gutenberg, 1398 ~ 1468）の活版印刷術により、広
まっていった。その結果、聖書が各国の言葉に翻訳される。代表的な宗
教改革者として、カルヴァン（J. Calvin, 1509~1564）や、ツヴィングリ（H.
Zwingli, 1484~1531）等がいる。

　プロテスタンティズムの特徴のひとつに「原罪」の強調がある。「原罪」
とは、おおむねこういう意味である。『旧約聖書』において、蛇にそそ
のかされたエヴァとアダムが、禁じられた木の果実を食べた行為によっ
て、負った罪をいう。その子孫である人類もこの罪を負っている。

　例えば、『ウエストミンスター信仰告白』（1647年）の「第6章　人間
の堕落・罪・その罰」の第3節には次のようにある。

　彼らは全人類の根源であるので、彼らから普通の出生によって生まれ
るすべての子孫に、この罪のとがが転嫁され、また罪における同じ死と腐
敗した性質とが伝えられた。　（日本基督改革派教会訳『ウェストミンスター信仰基準』）

　当然、当時の子ども観は原罪観にもとづく。これは、アメリカに移住
したピューリタンにもつながっていく。

3　コメニウスの子ども観

　同時代において、取り上げるべき人物にモラヴィア（現チェコ）の神
学者・教育学者コメニウス（J. A. Comenius, 1592~1670）がいる。学校
改革の指導者、教育改革の提言者、そして宗教的な福音の宣教者として、
ヨーロッパ中の宮廷や議会から助言を求められた。

　コメニウスは世界で最初の絵入り教科書『世界図絵』（1658）を考案し
た。『世界図絵』は各項目に木版画による絵が書いてあり、同じページ
に文章による説明が書いてある。視覚に訴える教材によって学習理解を
促進させようとした。

　『世界図絵』の35番めには「人間」の項目がある。

25

最初の人間アダムは、天地創造の六日目に神の御姿にならって土くれ
から神によって創造されるのです。
　　そして最初の女性イブは、男性の肋骨（ろっこつ）から形成されます。
　　彼らは、へびの姿をした悪魔に誘惑されて禁じられた樹の果実を食べ
た時、その全ての子孫ともども苦難と死の宣告を下され、楽園から追い払
われたのです。

　当然ながら「原罪観」に基づく人間の説明がある。

　ただし、『世界図絵』は子どもを想定している。つまり、教育の対象と
しての子どもを想定し、それへの教育的配慮をしているのである。ここ
に先駆的な子ども観を見いだせる。

4　ピューリタンの子ども観

　15世紀末から、多くのヨーロッパ人がアメリカ大陸へ移住した。ア
メリカにおける子ども観、特に北部ニュー・イングランドのピューリタ
ンの子ども観について取り上げていこう。

　彼らはその信条に基づき、カルヴァン主義的な、厳格な子ども観を形
成していった。それは、原罪観に基づき「子どもは、生まれながらに罪
深い存在である」という子ども観であった。子どもは罪を犯しがちであ
る。だから、統制しなくてはならない。そのために、神の律法を破るこ
とへの恐怖と罪に対する畏怖を子どもに植えつけた。

　こういった子ども観を端的に示す資料がある。植民地時代から使われ
ていた絵入りの教科書『ニュー・イングランド・プリマー』（The New
England Primer）である。アメリカ建国以前、1680年代に作られた。『世
界図絵』のように挿絵があり、アルファベットを、韻（いん）を踏んだ文を読み
ながら学ぶ。初等教育において、自国語の読み書き、宗教信仰の基礎の
教授に用いられた。

　アルファベットの最初の「A」には "In Adam's Fall ／ We sinned all."

第2章　子ども観の歴史1 ——諸外国の場合

「アダムの堕落によって、我々はみな罪にまみれた」とあり、原罪を
強調している。その中で「F」には "The Idle Fool ／ Is whipped at
school." 「怠け者の馬鹿者は学校で鞭打たれる。」とある。日常的な体罰
容認をうかがわせる。

第**3**節　近　代

1　ロックの子ども観

18世紀以降の子ども観の変容の端緒は、「イギリス経験論の父」ロック
（J. Locke, 1632 〜 1704）にある。

ロックは、人間の心を「白紙（タブラ・ラサ）」という。この立場を一
般的に「白紙説」という。人間のもつあらゆる観念は経験による、とい
う説である。この立場に立てば、当然、教育の重要性が高まる。

『教育に関する考察』（1693年）において、ロックはこう言う。

> ……われわれが出逢う万人の中で、十人の中九人までは、良くも悪くも、
> 有用にも無用にも、教育によってなるものだと言って差し支えないと思わ
> れます。教育こそ、人間の間に大きな相違をもたらすものです。（§1）

人間はそれぞれ、経験、すなわち感覚を通して得た素材を反省しつつ
知識を得ていく。そのため、教育者は多岐にわたって注意深く子どもを
教育していかなくてはいけない。

その前提となっている子ども観については、結論部分においてこう述
べている。

> ……その息子は非常に幼かったので、わたくしはただ白紙、あるいは好き
> なように型に入れ、形の与えられる蜜蠟に過ぎないと考えました。（§216）

27

「白紙」「蜜蠟」という言葉が象徴するように、子どもは、その教育に携わる者によっていかようにも形成可能な存在なのであった。

2　ルソーの子ども観

18世紀の子ども観の変容、「子どもの発見」において、最も大きな役割を果たしたのはルソー（J. J. Rousseau, 1712〜1778）である。18世紀後半のフランスにおける啓蒙主義運動を指導した。子ども観の変容に大きな役割を果たした書物が教育小説『エミール』（1762年）である。

ルソーは次のようにいう。

> 創造主の手から出るとき事物はなんでもよくできているのであるが、人間の手にわたるとなんでもだめになってしまう。

この一文が示す内容は、本書の一貫したテーマである。

端的に言えばこうである。自然におけるすべての事物はよい。ところが、それを社会や文化がゆがめてしまう。子どもに当てはめれば、産まれたままの子どもはよい。つまり、子どもは純真無垢である。ところが、社会や文化がそれをゆがめてしまうのである。

ただし、教育は必要である。どうするか。

> その教育は、自然によって、人間によってまた事物によっておこなわれる。わたしたちの機能や器官の内部的発育は自然の教育である。この発育をどう使うかを教えるのは人間の教育である。そして、わたしたちの五感にふれる物象について自分で経験するのが事物の教育である。

自然とは発育（発達）、人間とはいわゆる教育、事物とは経験である。ルソーは、自然を強調し、人間による教育をできる限り少なくするよう提唱する。それを「消極教育」と呼ぶ。それは、自然の発育（発達）に合わせて、教育や経験がなされなければならないという方法原理となる。それを「合自然の教育」という。

第2章　子ども観の歴史1 ──諸外国の場合

3　ペスタロッチの子ども観

　ルソーの子ども観や教育の方法原理は、ロマン主義思想、その中の教育運動としての新人文主義へと展開していく。その代表的な人物にペスタロッチ（J. H. Pestalozzi, 1746～1827）がいる。彼は、ルソーの教育思想に影響をうけ、教育方法の研究に取り組んだ。ノイホフ、シュタンツ、ブルクドルク、イヴェルドンにおいて、生涯、貧民・孤児の救済、民衆教育に尽くした。

　ペスタロッチはその全著作にわたって、子ども観にかかわる事柄を述べている。その中でも最も有名なのが『隠者の夕暮れ』にある次の言葉である。

> 　玉座の上にあっても木の葉の屋根の蔭に住まっても同じ人間、その本質からみた人間、そも彼は何であるか。

　これは「人間とは何か」という人間本質への問いである。この後にはこういう言葉がある。

> 　人間の本質をなすもの、彼が必要とするもの、彼を高めるもの、そして彼を卑しくするもの、彼を強くしたり弱くしたりするもの、それこそ国民の牧者にも必要なものであり、最も賤しい小屋に住む人間にも必要なものである。

　ここに現れているのは、人間の平等性である。

　誰であっても平等に有している素質・能力、つまり「純粋な人間性」の発展が教育の目的となる。

　それが「精神力」（頭）、「技術力」（手）、「心情力」（胸）の調和的な発展である。

29

4　フレーベルの子ども観

　ルソーからペスタロッチへと発展していった教育思想は、19世紀になって体系的な理論へとまとまっていく。その役割を果たした一人がフレーベル（F. W. A. Fröbel, 1782～1852）である。

　フレーベルはペスタロッチに学び、1816年、一般ドイツ教育舎（小学校）を開設した。『人間の教育』（1826年）では人間の本性を神性（完全性）と捉えた。

　フレーベルは『人間の教育』において、こう言う。

　認識する存在、理性を持つ存在としての人間の特殊な使命、特殊な職分は、人間の本質を、人間の中にある神的なものを、したがって、神を、さらに人間の使命や職分そのものを、充分に意識し、生き生きと認識し、明確に洞察すること、さらにそれを、自己の決定と自由とをもって、自己の生命のなかで、実現し、活動させ顕現させることである。

　フレーベルは、人間の本質を「神的なもの（神性）」と捉えている。それを意識・認識・洞察し、自己自身において実現し、顕現させるところに教育の目的をおく。

　では、いかにして顕現させるのか。

　フレーベルはそれを「遊戯」に見出している。「遊戯」は、子どもの全人格・全生活の表現なのである。

　遊戯することないし遊戯は、幼児の発達つまりこの時期の人間の発達の最高の段階である。

　ここに、フレーベルの子ども観の特徴がある。

第2章　子ども観の歴史1 ──諸外国の場合

第4節 現代の子ども観

1　エレン・ケイの子ども観

1859年、ダーウィン（C. Darwin, 1809 ～ 1882）が『種の起源』を発表した。それは知的世界に大きな衝撃を与えた。

1900年に、20世紀の子ども観を象徴する書物が登場する。エレン・ケイ（E. Key, 1849 ～ 1926）による『児童の世紀』である。「児童の世紀」という言葉は、20世紀前半の教育改革運動をリードした。

エレン・ケイは『児童の世紀』において、次のように言う。

> 進化の思想は、わたしたちが今後たどるべき道にも光明を投げかけ、私たちが肉体的にも精神的にも常に変化する状態にあることを示している。昔は、人間の本性は伸ばすことはできるが、変えられない、すなわち人間は肉体的精神的に不変の存在とみなされたが、今日では、人類は変えられる状態にあることがわかった。一人の堕落した人間は、未完成の人間とみなされ、無制限に時間を使えば、無数の修正をおこなうことができ、新しい人間にすることができるのである。

この主張はダーウィンの『種の起源』がもたらした「進化の思想」を重視している。それに基づいて「新しい人間」を生み出そう、という思想である。これはどうすれば実現するのか。

端的に言えばこうである。身体的に健全で、愛し合う両親のもとに生まれた子どもを、母親が、家庭において育児する。

したがって、子ども、女性、「恋愛と結婚」を重視するのである。ただし、「恋愛と結婚」については、単に愛情を問題にだけではなく、遺伝的な要因も重視する。それは「子どものため」なのであった。

31

2　デューイの子ども観

　アメリカのプラグマティズム哲学の創始者の一人デューイ（J. Dewey, 1859～1952）は1859年、シカゴ大学に、附属小学校として実験学校を発足させた。進歩主義教育運動の理論的指導者として有名である。

　ただし、デューイは、進歩主義教育運動が児童中心主義に偏向する点に関して、一貫して批判的であった。『子どもとカリキュラム』（1902年）の中で、教科中心の旧教育、児童中心の新教育、両者とも、子どもと大人を質的に区別すべきとする固定観念にとらわれている、と批判する。

　デューイは、『民主主義と教育』（1916年）において、子どもの成長が可能となる条件を「未成熟」とする。「未成熟」の特徴は「依頼性」と「可塑性」である。「依頼性」は積極的かつ建設的な力、経験によって学ぶことのできる力を意味する。「可塑性」は得た経験から学ぶ力、経験を改造していく力を意味する。よって、教育を、経験の意味を増し、その後の経験の進路を導く能力を高める経験の改造、再組織、ととらえる。そのため、「大人の気持ちにとって大事だと思われる問題」を、教育目的として課す傾向を批判する。それは、子どもの経験を制限する外的命令にすぎないからである。

3　教育心理学と子ども観

　ダーウィニズムは、人間が自然の一部であるという考え方を生み出した。それは、科学的に人間を捉えるという考え方を発展させた。例えば、人間の本性、人間の心、学習の過程といった事柄について、これまでと全く異なった理論を生み出しはじめた。

　ルソーの「子どもの発見」以来、ペスタロッチ、フレーベルと受け継がれてきた「子ども期」を尊重する立場を、その新しい科学が支えるようになった。心理学の登場である。

　児童心理学、教育心理学等がそれを担うようになった。オーストリア

の精神分析学者フロイト（S. Freud, 1856〜1939）は、子どもにも性欲が
あると唱え、五段階の性的発達段階を示した。アメリカの心理学者ワト
ソン（J. B. Watson, 1878〜1958）は、「健康でよく育った12人の子どもと、
彼らを養育するための環境を与えてもらえれば、子どもたちをいろいろ
な専門家に育てられる」という主旨の発言をした。

　スイスの心理学者ピアジェ（J. Piaget, 1896〜1980）は子どもの認知発
達の段階を示した。アメリカの精神分析学者エリクソン（E. H. Erikson,
1902〜1994）は、「ライフサイクル」に基づく発達論を展開した。人間の
生涯を発達と捉えた。

　今日、「マシュマロをすぐ1個もらうか、それとも我慢して、あとで2
個もらうか」という「マシュマロ・テスト」が話題である。マシュマロ
を食べるのをがまんできた子・できなかった子を半世紀にわたって追跡
調査した行動科学の実験で、子どもの「自制心」と「成功」との関連を
解明しようとしたものである。子ども期には、ますますの注目が集まっ
ている。

【参考文献】
　ウォルター・ミシェル著、柴田裕之訳『マシュマロ・テスト ── 成功する子・しない子』
　　　早川書房、2015年
　エレン・ケイ著、小野寺信・小野寺百合子訳『児童の世紀』冨山房、1979年
　コメニウス著、井ノ口淳三訳『世界図会』平凡社、1995年
　デューイ著、松野安男訳『民主主義と教育（上・下）』岩波書店、1975年
　ヒュー・カニンガム著、北本正章訳『概説　子ども観の社会史』新曜社、2013年
　フィリップ・アリエス著、杉山光信・杉山恵美子訳『〈子供〉の誕生──アンシャンレジーム
　　　期の子供と家族生活』みすず書房、1980年
　プラトン著、藤沢令夫訳『国家（上・下）』岩波書店、1979年
　フレーベル著、新井武訳『人間の教育（上・下）』岩波書店、1964年
　ペスタロッチー著、長田新訳『隠者の夕暮・シュタンツだより』岩波書店、1943年
　本田和子『子ども100年のエポック──「児童の世紀」から「子どもの権利条約」まで』
　　　フレーベル館、2002年
　ルソー著、今野一雄訳『エミール（上・中・下）』岩波書店、1962年
　ロック著、服部知文訳『教育に関する考察』岩波書店、1967年

　　　　　　　　　　　　　　　　　　　　　　　　　　　（杉山 倫也）

第3章

子ども観の歴史2
―わが国の場合―

　わが国では、山上憶良（7世紀半ば～8世紀前半）が『万葉集』で、子
どもが「宝」であるとする子ども観を表す歌を詠むなど、子どもを尊重
する心は、歴史的に見て、決して他国に劣るものではなかった。

　しかし制度の上で、子ども観や教育観が明確に反映されたのは、近代
以降である。ここでは、江戸から平成までの子ども観や教育観の特徴を
つかんでおこう。

第1節 江戸時代の教育

　江戸幕府末期の日本では、幕府直轄の「昌平坂学問所」が設けら
れ、儒学を教授したが、そのほかの主なものとして「寺子屋」「藩校」
「郷学校」「私塾」などがあった。それぞれの特徴は次のとおりである。

第3章　子ども観の歴史2——わが国の場合

1　寺子屋の教育

　寺子屋は、庶民を対象とし、都市から農山漁村に至るまで広がった個人によって開かれた施設であった。教師を「師匠」、子どもを「寺子」と呼び、主に「読み書きそろばん」を扱ったが、女子は裁縫や礼儀作法に重点が置かれていた。

　子ども一人ひとりが自分の進度に合わせて学び、その目的が達成されれば次の段階に入っていくという方法がとられていた。そのため、師匠のみでは指導の限界があり、教師役の若者も重宝された。結果的に、いまで言う「個別学習指導」の形態がとられていたことは、実に興味深いことである。

2　藩校の教育

　藩校は、主に各藩士師弟を対象とした教育機関であった。あくまでも武士としての人材養成が目的であり、その中では儒教の経典である「論語」をはじめとする「四書五経」の素読や習字、そして、剣術などの武芸を主に扱ったが、幕末時代には、約半数の藩が一般庶民にも門戸を開き、算術や医学を指導するようになった。

　有名な藩校としては、庄内藩（山形県）の「致道館」、会津藩（福島県）の「日新館」、水戸藩（茨城県）の「弘道館」、熊本藩の「時習館」などが挙げられる。

会津藩校「日新館」の入り口(上)と
　同「素読所」での学習の様子(下)
(写真：筆者提供)

3　郷学校の教育

郷学は、武士対象、庶民対象、その両者対象、の３つがあった。上流層の商人や農民たちで費用を拠出して教師を招聘し、読み書きそろばんを中心とした、機会均等で士農工商の区別なく学べる、授業料無償を原則とする学びの場を設けた。大坂（現・大阪市）の「懐徳堂」が有名である。この郷学校は、わずか数年間の機関であったが、明治に入り、町村組合立の郷学校に引き継がれ、地域の実情に応じた今日の公立小学校の土台ともなった。

4　私塾の教育

私塾は、官のもとではないため、自由に新たな学問を広めていった。伊藤仁斎(1627〜1705)の「堀川学校」（古義堂）、本居宣長(1730〜1801)の「鈴屋」が有名であるが、全国各所にさまざまな私塾が設けられた。特に、基礎的文字教育に満足しない商工人や、上流農民階層に浸透し、その要求に応えようとしていた。

第2節　明治時代の教育

明治新政府は、近代国家建設の基礎として、教育を重視した。そこで1872(明治5)年「学制」を公布し、寺子屋や私塾を母体とした小学校を全国各地に設立させた。また、1876年11月、東京女子師範学校（現在のお茶の水女子大学）に附属幼稚園が創設され、日本の幼稚園教育が始まった。

1「学制」公布と小学校の設立

1872年８月２日、明治政府は太政官布告「学事奨励ニ関スル被仰出書」により「華士族農工商及婦女子」の別なく、すべての人が学べるように示した上で、翌８月３日に公布された「学制」により、全国各地に小学

校が設立される運びとなった。「学制」には教育の目的として、「学問によって身を立てる」（学問ハ身ヲ立ルノ財本）ということがうたわれていた。

　全国を8大学区、大学区を32中学区に、中学区を210小学区にさらに分けて小学校を設立する計画であったが、自発性と費用拠出を地方に委ねたため、実際には、多くの地方で翌1873年に小学校が設立された。

2　小学校教育の内容と方法

　小学校では、1872年9月文部省が欧米の教育課程を模範として作成、頒布した『小学教則』に依った教育を求められた。一方、我が国の実情に即した、（東京）師範学校による『小学教則』も作られた。そこでは、読書・習字・算術の3教科が必修化され、教科書や掛図等も示されたが、地方によってはそれぞれの実情から、師範学校作成の『小学教則』を参考にしつつ、独自の教科書が作られたりもした。

　新教育の一例としては、児童の不就学を抑制するための「就学標」（メダル）の着用や、師範学校教官が模擬授業を見せることによる積極的な庶民啓発が挙げられる。現場教員への指導改善も早々と行われ、長野県師範学校長の能勢栄（1852～1895）によるペスタロッチ主義（第2章第3節参照）の開発主義教授法も、指導の例として挙げられよう。

　教育方法の特徴としては、江戸時代の寺子屋で行われた個別教授形態から、すべての児童に、同じ内容を同時に教える一斉教授形態に変わった。

　そのため、机やいす、黒板が準備された。学習用具も筆と墨から石盤、石筆が用いられた。当初は厳しい試験を実施することにより、上級段階に進む方策がとられていたが、効率性や全人教育の見地から明治半ばより、学力水準が異なる児童を含む「学級」を基本形とする教育形態に転じた。現在も行われる「運動会」や、紙のノートや鉛筆などの学用品出現もこの頃からである。1907（明治40）年には6年制の義務教育制度が成立した。

3　幼稚園の始まり

　文部省はまず、1874（明治7）年『文部省雑誌』において「幼稚園（キンダーガルテン）の説」を掲載、初めてフレーベル主義（第2章第3節参照）のキンダーガルテン（Kindergarten）すなわち「幼稚園」を紹介し、よい環境のなかで子どもの発達を助け、教育の基礎を培っていることが述べられている。

　ここでは「幼稚園ノ課業ハ畢竟小学校ノ遊戯ナルヲ以テ遊戯学校ト称スルモ亦可ナリ」と、「遊戯学校」としての教育的特徴が挙げられているのが、今日の幼稚園教育にもつながるポイントである。

　1876（明治9）年には、東京女子師範学校に附属幼稚園が創設された。フレーベル主義に基づいた集団保育による、まさに日本における幼稚園教育の原型誕生であった。その後、鹿児島や大阪をはじめ全国に誕生した各幼稚園では、フレーベル考案の「恩物」を積極的に取り入れた幼稚園もあり、特に手指を使ったり、歌を取り入れたりする遊戯が展開された。幼稚園数は1880年に5園となったが、1885年には公私立合わせても30園にとどまったのである。

4　子守学校や学級の設置

　こうした明治政府が打ち立てた新制度には限度があり、就学率も伸び悩んだ。児童が自身の妹や弟の面倒を見なければならず、そのために学校に通えない状況が存在したからである。

　そこで1880年、政府は全国に「子守学校」の設置を求め、子守をする児童のみならず、子守される側の子どもも教育を受けられるメリットもあった。学校の設置までに至らない場合は、「子守学級」が多くの地方で設置された。

第3節　大正時代の教育

　大正デモクラシーの流れのもと、小学校では児童の個性を尊重する自由主義に基づく新教育運動が展開された。それは、児童の自己活動を重視し、自発的な子どもの形成を目標とするものであった。

1　新教育運動の広がり

　日清戦争（1894～1895）と日露戦争（1904～1905）を経るなかで、資本主義体制は進化を遂げたが、同時に、開放的な自由主義や民主主義思想を背景とした労働者や農民による教育運動が広がりをみせた。

　また、欧米の教育学者、とりわけデューイ（J. Dewey, 1859～1952）やモンテッソーリ（M. Montessori, 1870～1952）の理論が影響を与えたのである。それまでの、形式的・画一的な教師中心、教科書中心の教育方法が批判され、児童の興味関心を土台とする自学や自治に基づく児童主体の教育の実践化が目指された。

　こうした実践は、成城小学校（1917年創設）、池袋児童の村小学校（1924年）、玉川学園小学校（1929年）などの私学のほか、奈良女子高等師範学校附属小学校（1911年）など、多くの公立学校においても展開された。

2　児童の経験を基にした教育方法

　大正時代（1912～1926）は、文学者や芸術家の児童文化教育運動と相まって、プロレタリア教育運動をはじめとする多くの実践が、全国でなされた。なかでも、鈴木三重吉（1882～1936）が1918年に創刊した児童雑誌『赤い鳥』が果たした役割は極めて大きく、本誌を基に全国の学校で補助教材が作られたほどである。

　そのほかの代表的な運動は、次のとおりである。

- 及川平治（1897 ～ 1939）の「分団式動的教育法」
  （兵庫県明石女子師範学校附属小学校で実践）
- 木下竹二（1872 ～ 1946）の「合科学習」
  （奈良女子高等師範学校附属小学校で実践）
- 山本鼎（1882 ～ 1946）による「児童自由画教育」
  （長野県から全国に普及。児童が使いやすい画材「クレパス」の開発にも貢献）
- 生活綴方運動（本章第4節参照）

　大正時代当時、これらの運動の共通点としては、国からの、一方的な上意下達の性質のものではなく、民衆や児童の生活実態に即した学びの発生というものであり、いずれも、地域の実情に合わせた教育が展開されていた。

　幼児教育についてみれば、第2節で触れた「子守学級」について、子守する児童にもしっかりとした教育を保障する観点から、さらに一歩進んだ形態である「農繁託児所」を、大正時代後半に設けた例もある。紙芝居、楽器、絵本やハンモックが整えられ、教師や保母が童話を聞かせたり、唱歌や折り紙を教えたりするなど、今日の保育所保育につながるものとして大変興味深い点である。

第4節　昭和戦前の教育

　昭和時代（1926～1989）は、大恐慌で幕を開けた。その後、満州事変（1931年）に端を発し、日中戦争（1937年）を経て、1941（昭和16）年開戦の太平洋戦争へと戦争の時代が続き、小学校教育は時局への対応を目的とする戦時下体制教育、さらに、軍国主義教育が展開された。

1　戦前の教育

　1929（昭和4）年の金融恐慌、世界恐慌は日本にも大きな影響を及ぼした。失業者の急増で貧困層が増え、さらに東北地方を中心に大飢饉という自然災害にも見舞われた。この影響は、子どもの生活にも長期欠席児

童の増加や、身売り児童の出現にも見られた。

このような状況下にあっても、大正時代から続いて行われていた教育方法の一つとして、児童自身の生活事実に即し、自身の言葉で文章表現化する「生活綴方運動」が行われていた。過酷な生活であっても、自らの生活を直視し、問題解決の糸口を探るべく、児童が生きる力をつけていくための方策であった。特に、山形、宮城、福島、長野、岐阜、新潟などの学校現場に大きな影響を与え、展開された。また、1932（昭和7）年には臨時的とはいえ、文部省が学校給食を制度化した。

2　戦中下の教育

1937（昭和12）年に起きた日中戦争を契機として、日本は軍国主義が台頭する世の中に移っていった。出征兵や帰還兵の送迎、農繁期の労力奉仕、鍛錬行事強化、学校内での報国農場の設置や質素な「日の丸弁当」の奨励などの、「時局教育」が行われるようになった。天皇統治国家のもとでの精神教育と軍事教練が重視された結果、国定教科書の強化と思想統制も行われた。

さらに、大正時代の自由主義思想や教育が抑圧され、国家主義に基づく「国体の本義」「臣民の道」をよりどころとした義務教育が、それまでの小学校を改組し、1941年4月発足した「国民学校」以後浸透していった。「国民学校」の目的は以下のとおりである。

国民学校ハ皇国ノ道ニ則リテ初等普通教育ヲ施シ国民ノ基礎的錬成ヲ為スヲ以テ目的トス（「国民学校令」第1条）

つまり国民学校は、「教育の全般にわたって皇国の道を修錬」（文部科学省ホームページ）させることを目ざしていたことがわかる。

太平洋戦争に突入すると「八紘一宇」の理想のもとに「大東亜共栄圏」を建設するのが「皇国民の道」と教え、明治時代の「学制」(本章第2節参照)で掲げられた「学問によって身を立てる」思想は否定された。学校現場

では、集団訓練が重視され、分列行進や手旗信号、銃剣術や薙刀（なぎなた）の授業、耐寒行事が実施された。

　そのほかにも（軍需産業のための）金属供出運動への協力、食糧確保のためのイナゴ取りやどんぐり拾いの動員に組み込まれるなど、児童にとっては、授業どころではない状況下に追い込まれていったのである。

　1944年、米軍による本土、特に都市部への空襲が激化すると、政府は「学童疎開促進要綱」を決定した。都市部の児童は、縁故疎開（地方の親戚宅を頼ること）を原則としたが、それが難しい国民学校初等科3年以上6年までの児童は、保護者の申請に基づき集団疎開が実施された。

　疎開先となった寺社や婦人会の厚意のもと、子どもたちは引率教師とともに戦火を避けて共同生活を行うこととなった。だが、翌1945年になると、国民学校初等科以外の授業は停止され、各校舎の軍事目的転用化に波及し、学校は教育の現場でなくなった。そして、8月、敗戦を迎えるのである。

第5節　戦後の教育

　敗戦後の日本は、米軍を中心とするGHQ（連合国軍総司令部）のもと、すべてが新たに出発した。日本の教育を改革すべく「米国教育使節団」が来日し、1946（昭和21）年に最初の報告書がまとめられたが、そこに込められた内容は、今日の日本の教育につながっている。

1　米国教育使節団による勧告後の教育

　戦時下の皇国・軍国主義教育からの脱皮は、GHQの要請により専門家が来日し、調査研究のもとに「米国教育使節団報告書」としてまとめられた。内容は、戦争下における教育政策の徹底的な批判と、新たな教育制度の提言の二つである。

　それらに基づき、以下の内容が盛られた。

42

第3章 子ども観の歴史2 —わが国の場合

- ・国定教科書の廃止
- ・日本史、地理、修身の廃止
- ・男女共学制度の確立
- ・6・3・3・4制の体系導入
- ・教員養成の改革
- ・公選制の教育委員会設置
- ・民主主義的教育の導入

　報告書は1946年、1950年と二次にわたった。だが残念ながら、報告書に、幼稚園教育に関する記述はほぼなく、「保育園や幼稚園は小学校の一部として設けられるべきである」（第二次報告書要旨）程度しか見受けられない。

　1946年「日本国憲法」が公布されると、教育を受ける権利が明記され（第26条）、翌1947年公布の「教育基本法」においても人格の完成を目指す教育の役割が示され、名実ともに新たな教育が始まった。同年、教育課程の基準とされた「学習指導要領」（試案）の公表も行なわれた。教育方法においても、戦前期に一時みられたデューイの問題解決学習が登場し、多くの実践がなされるようになった。

2　高度経済成長期以降の教育

　1950年代に入ると、戦後の民主主義的教育は軌道に乗った。一方、高度成長を目指す経済界からの要請もあって、より実社会に即応できる人材を養成する教育が求められるようになった。子ども自身がじっくりと学びを進める問題解決型カリキュラムは息を潜め、知識中心のカリキュラムに移行していった。

　1964（昭和39）年の東京オリンピックを経て、1970年代から80年代には高校進学率も9割を越すようになった。よい学校を出て、よい就職口に進むべく、いわゆる「受験戦争」が激しくなり、高等教育から中等教育へ、中等教育から初等教育へと、受験生の低年齢化も進んだ。

　その結果、詰め込み主義や偏差値主義の功罪を生んだだけでなく、「管理教育」や「校内暴力」の問題も表出した。国は危機的な状況をかんがみ、

1984年に臨時教育審議会（臨教審）を設置、学歴社会から生涯学習社会への転換を図るべく、個性重視の方向性を示した。また、同年には「小学校低学年教育問題懇談会」が設置され、現在、小学校低学年で行われている「生活科」新設に向けた検討が行われるようになった。

　1986年の臨教審答申では「幼児教育から小学校教育への移行を円滑にする」観点から、社会・理科などを中心とした教科の総合化を進めた。他方、児童の具体的な活動・体験を通じた教科の総合化を進めることが示された。当時行われていた、知識を教えるだけの教科からの脱却を目指したものといえる。

第6節　平成期の教育

　1989年、平成時代に入ると「新学力観」の考え方のもと、新たな教育改革がなされた。小学校低学年の「生活科」新設、学校週五日制の導入などにより学校と家庭、地域社会との連携の向上をねらった。

　1996年には、中央教育審議会（中教審答申）のなかで「ゆとりのなかで『生きる力』を育成」することの必要性が提言され、2000年からの「総合的な学習の時間」の実施につながった。これは、戦後の長野県や新潟県での地道な教育実践が土台になっていることを付け加えておきたい。

1　「ゆとり教育」と「生きる力」

　現在は「悪者」とされることの多い「ゆとり教育」であるが、それは誤りである。1989年から実施された新教科「生活科」においては「総合的な指導」「子ども中心」「体験や活動により、自分や身近な人などの対象とのかかわりによって学ぶ」「よき生活者として求められる能力や態度を育てる」ことが盛り込まれており、対象とのかかわりにおける「子どもの没頭する姿」が描かれている。

　それはすなわち、自ら学び、自ら考え、問題解決する姿でもあり、

1996年の中教審答申にもつながっている。その後の各学校における「ゆとり」の中で「特色ある教育」を行う原動力となったのである。生活科誕生からすでに約30年、継続した学びが続いている土台には、この「ゆとり」のなかで変化する時代にあっても課題を解決していける能力をもった「生きる力」を育てようとした教育施策と現場実践の存在があるにほかならない。今後もしばらくは、この「生きる力」の理念は学校教育の土台として重視されるであろう。

2　幼児教育と小学校教育を結ぶ「スタートカリキュラム」

　2007年には学校教育法が改正され、幼児期の教育目的として「義務教育及びその後の教育の基礎を培う」と明記された。

　小学校側にも、幼稚園や保育所等との連携が求められるようになったが、進展はかんばしくない状況にあった。そこで「スタートカリキュラム」という考え方が示され、中核を果たす教科として「生活科」の意義が学習指導要領総則でも触れられることになった。

　生活科は他教科等との合科的、横断的な指導を行うことが期待されており、幼児教育との連携からも工夫が望まれ、児童が自らの思いや願いの実現に向けた活動を、ゆったりとした時間の中で進めていくことが述べられている。

【参考文献】
　　石島庸男編梅村佳世著『日本民衆教育史』梓出版社、1996年
　　江原武一編『基礎教育学』放送大学教育振興会、2007年
　　教育科学研究会編『戦後日本の教育と教育学』かもがわ出版、2014年
　　駒込幸典『信州教育事始め』信濃毎日新聞社、1999年
　　中田正浩・松田智子編『次世代の教育原理』大学教育出版、2012年
　　中村一雄編『信州教育とはなにか　下巻』信州教育出版社、2011年
　　菱田隆昭編『幼児教育の原理』みらい、2009年
　　山形県立博物館編『三島通庸と洋風学舎——近代やまがたの学校』山形県立博物館
　　　　友の会、2010年
　　吉富芳正・田村学編『新教科誕生の軌跡——生活科の形成過程に関する研究』
　　　　東洋館出版社、2014年

（斎藤　真）

第4章

わが国の法規等から見た
子ども観

　第二次世界大戦終了後、1946年に日本国憲法が公布され、1947年に教育基本法・児童福祉法が制定された。教育基本法はわが国の教育の根幹の法律であり、児童福祉法は福祉の根幹の法律である。

　その後、1951年には児童憲章が制定された。この動きは、1959年の児童権利宣言の採択、1989年の児童の権利に関する条約の制定、と続く世界の動きに対して先進的であり、実に画期的であった。

　高度経済成長期の1956年に、幼稚園教育要領が刊行され、1965年には保育所保育指針が刊行された。1994年に日本も、児童の権利に関する条約に批准し、子どもの権利について強調されるようになった。

　2012年に子ども・子育て法が制定され、「子ども・子育て支援新制度」の施行へとつながった。「子ども・子育て支援新制度」では「すべての子どもに幼児教育を」の精神が大切にされている。

　図表4-1に、戦後の日本における子ども関係法規等に関する年表を示した。

第4章　わが国の法規等から見た子ども観

図表4-1　戦後の日本における子ども関係法規等に関する年表

年　次	国内の法令	幼稚園教育要領、保育所保育指針、幼保連携型認定こども園教育・保育要領の改定等	世界の動き
1946年（昭和21） 1947年（昭和22）	・日本国憲法公布 ・教育基本法制定 ・学校教育法施行 ・児童福祉法制定		
1948年（昭和23）		保育要領刊行	世界人権宣言 （国連総会）
1951年（昭和26）	・児童憲章制定 ・社会福祉事業法（後の社会福祉法）制定		
1956年（昭和31） 1959年（昭和34） 1964年（昭和39） 1965年（昭和40） 1979年（昭和54） 1989年（平成元）		幼稚園教育要領刊行 幼稚園教育要領第1次改訂 保育所保育指針刊行 幼稚園教育要領第2次改訂	児童権利宣言 （国連総会） 国際児童年 児童の権利に関する条約（子どもの権利条約）制定
1990年（平成2） 1994年（平成6）	・児童の権利に関する条約 　（子どもの権利条約）批准	保育所保育指針第1次改定	
1998年（平成10） 1999年（平成11） 2000年（平成12） 2003年（平成15） 2005年（平成17） 2006年（平成18）	・児童虐待の防止等に関する法律制定 ・個人情報の保護に関する法律制定 ・次世代育成支援対策推進法制定 ・少子化社会対策基本法制定 ・食育基本法制定 ・就学前の子どもに関する教育、保育等の総合的な提供の推進に関する法律制定 ・（教育基本法改正）	幼稚園教育要領第3次改訂 保育所保育指針第2次改定	
2008年（平成20） 2012年（平成24） 2014年（平成26） 2017年（平成29）	・子ども・子育て支援法制定	幼稚園教育要領第4次改訂 保育所保育指針第3次改定 幼保連携型認定こども園教育・保育要領刊行 幼稚園教育要領第5次改訂 保育所保育指針第4次改定 幼保連携型認定こども園教育・保育要領第1次改訂	

出典：筆者作成

　こうした大きな流れを踏まえたうえで、第1節では福祉的視点から、第2節では教育的視点から子ども観について解説する。また、第3節では、2017年に改訂された学習指導要領等全体の根底を流れる子ども観について解説し、その中の3法令※から見た子ども観について解説する。

　※　「幼稚園教育要領」（文部科学省）、「保育所保育指針」（厚生労働省）、「幼保連携型認定こども園教育・保育要領」（内閣府・文部科学省・厚生労働省）の総称。⇒53ページを参照。

第1節 子どもの権利に関する法規と児童福祉法

1 「児童の権利に関する条約」から見る子ども観

1959年に国際連合が総会で採択した「児童権利宣言」は、前文に、以下のように記されている。

> 児童は、身体的及び精神的に未熟であるため、その出生の前後において、適当な法律上の保護を含めて、特別にこれを守り、かつ、世話することが必要である。

すなわち、子どもは「保護すべき対象」であると見られていた。

この児童権利宣言の趣旨も踏まえつつ、1989年に制定され、1994年に我が国も批准した「児童の権利に関する条約」は、以下の4つの基本原則に基づいている。

①差別の禁止（第2条）
　子どもとその保護者の人種、性、言語、宗教、意見、出身、財産、障害、地位などにより子どもを差別してはいけない旨が記されている。
②子どもの最善の利益（第3条）
　子どもに関するすべての措置において、公的もしくは私的な社会福祉施設、行政当局等のいずれによって行われるものであっても、子どもの最善の利益が主として考慮されるべきである旨が記されている。
③いのちの権利（第6条）
　子どもは生命に対する固有の権利を有し、子どもの生存および発達を可能な最大限の範囲において確保すべきである旨が記されている。
④子どもの意見の尊重（第12条）
　子どもが自由に自分の意見を表明する権利を確保すべきこと、および年齢や成熟度に従ってその意見が相応に考慮されるものであることが記されている。言葉を自由に使える子どもだけではなく、身振り手振りや泣き、機嫌等で表現することも含め、子どもが自分の意思をしっかりと表現できる環境を整えることが大切である。

[荒牧、2015／ただしその内容に基づき、筆者が要約]

第4章　わが国の法規等から見た子ども観

　条約には、子どもは「保護すべき対象」と捉えた条項もあるが、いま挙げたように「④子どもの意見の尊重」からは、子どもを「一人の人間として権利を行使する主体」と捉える考え方も読み取ることができる。

2　「児童福祉法」から見る子ども観

　児童福祉法は、1947年に制定された。2016年に第1条をはじめ、子どもの権利にかかわる記述が強化された。児童福祉に関する基本の法律である。

　まず、第1条には、大人から各種の権利を保障されたうえで、愛され保護されるべき子ども観が表れている。2016年の法改正によって第1条に「児童の権利に関する条約の精神にのっとり」と記されるようになり、前項で述べた「児童の権利に関する条約」に則することの重要性が明記されるようになった。

　また、第2条では、全ての国民が、子どもの「意見表明権」や「子どもの最善の利益」を保障する必要のあることが述べられている。

○児童福祉法
第1条　全て児童は、児童の権利に関する条約の精神にのっとり、適切に養育されること、その生活を保障されること、愛され、保護されること、その心身の健やかな成長及び発達並びにその自立が図られることその他の福祉を等しく保障される権利を有する。

第2条　全て国民は、児童が良好な環境において生まれ、かつ、社会のあらゆる分野において、児童の年齢及び発達の程度に応じて、その意見が尊重され、その最善の利益が優先して考慮され、心身ともに健やかに育成されるよう努めなければならない。

　2　児童の保護者は、児童を心身ともに健やかに育成することについて第一義的責任を負う。

　3　国及び地方公共団体は、児童の保護者とともに、児童を心身ともに健やかに育成する責任を負う。

第2節 教育関連の法規

1 「教育基本法」から見る子ども観

(1) 教育基本法改正時（2006年）に想定した子どもの姿

　教育基本法は1947年に制定され、2006年に前文および第1条などをはじめとした大きな改正がなされた、教育に関する基本の法律である。この項では、文部科学省発行の「新しい教育基本法について」より抜粋した**図表4-2**を参考にしながら、教育基本法改正時に想定した子どもの姿について説明する。

　この図に示すように、教育基本法制定以降の約60年で教育を取り巻く家庭・学校・社会の環境は大きく変化した。

　2006年の法改正時に想定した典型的な子どもの姿としては、次の通りである。多様な生活スタイルの保護者とともに過ごす子どもたちは、生活リズムや生活習慣の乱れにより、集中して学習に取り組むことができず、学力も体力も低下していく。また、社会全体の規範意識の低下とともに、子どもたちの規範意識も十分に育っていかない。

図表4-2　教育基本法制定以降約60年間の教育を取り巻く環境変化

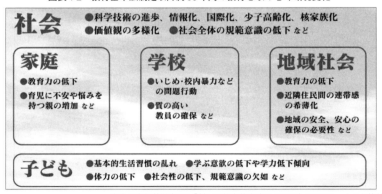

出典：文部科学省HP「新しい教育基本法について」パンフレットより抜粋

第4章　わが国の法規等から見た子ども観

(2) 教育基本法（2006年改正）に沿った幼児期の教育とは

教育基本法における教育の目的は、以下のとおりである。

> ○**教育基本法　第1条**　教育は、人格の完成を目指し、平和で民主的な国家及び社会の形成者として必要な資質を備えた心身ともに健康な国民の育成を期して行われなければならない。

具体的な教育の目標は第2条に記されているが、ここではとくに「乳幼児期において必要な資質とは何か」を考えるにあたって、第10条と第11条について触れる。まず、第10条は「家庭教育」についてである。

> ○**同　第10条**　父母その他の保護者は、子の教育について第一義的責任を有するものであって、生活のために必要な習慣を身に付けさせるとともに、自立心を育成し、心身の調和のとれた発達を図るよう努めるものとする。

すなわち、基本的生活習慣（睡眠、食事、排泄、清潔、衣類の着脱）を身に付ける乳幼児期では、「自分でやりたい」という気持ちを大切にして養育することが大切である。

第11条では、「幼児期の教育」について記されている。

> ○**同　第11条**　幼児期の教育は、生涯にわたる人格形成の基礎を培う重要なものであることにかんがみ、国及び地方公共団体は、幼児の健やかな成長に資する良好な環境の整備その他適当な方法によって、その振興に努めなければならない。

こうした法令を踏まえた、幼児教育における子ども観については、第3節で詳細に触れていく。

2 「子ども・子育て支援新制度」から見る子ども観

「子ども・子育て支援新制度」（以下「新制度」と呼ぶ）は「子ども・子育て関連3法」に基づいて、2015年度に本格的に開始した新たな制度である。

「子ども・子育て関連3法」とは、①「子ども・子育て支援法」、②「認定こども園法の一部改正（就学前の子どもに関する教育、保育等の総合的な提供の推進に関する法律の一部を改正する法律）」、③「子ども・子育て

51

支援法及び認定こども園法の一部改正法の施行にともなう関係法律の整備等に関する法律」のことである。

新制度の流れが子ども観に関係する内容としては、2点ある。

1点めとしては、2014年の児童福祉法第24条の改正にある。

● 〔改正前〕児童福祉法 第24条
市町村は、保護者の労働又は疾病（しっぺい）（中略）により、その監護すべき乳児、幼児（中略）の保育に欠けるところがある場合において、保護者から申込みがあったときは、それらの児童を保育所において保育しなければならない。

○ 〔改正後〕児童福祉法 第24条
市町村は、（中略）保護者の労働又は疾病（中略）により、その監護すべき乳児、幼児（中略）について保育を必要とする場合において、（中略）当該児童を保育所において保育しなければならない。

従来は、「保育に欠ける」要件、すなわち「児童の保護者のいずれもが（中略）当該児童を保育することができないと認められる」（児童福祉法施行令第27条〔2014年に削除〕）がなければ保育所に入所できなかったが、改正後は、子育て中の親子の実態に合わせて認定された「保育の必要性」に応じて、必ずしも保育をすることができない状態でなくても保育利用の給付を受ける制度に変更された。

2点めは、地域型保育の新設整理である。地域型保育には、①「小規模保育」、②「家庭的保育」、③「事業所内保育」、④「居宅訪問型保育」の4つのタイプがある。認可保育所に入所できない子どもは、保護者の大きな自己負担で無認可保育所に入所していたが、ここに公的資金が投入されることになった。

保育を受けられる枠が広がれば、これまで幼稚園・保育所等で保育を受けることのできなかった層の子どもの中にも、保育を受けることができるようになる場合もありうる。具体的な保育の内容としては、第3節で触れることとする。いずれも、公的資金を投入して保育を受けられる枠が広がったということが大切である。

第4章　わが国の法規等から見た子ども観

第**3**節　**3**法令 ── 幼稚園教育要領、保育所保育指針、幼保連携型認定こども園教育・保育要領

　2017年に改訂された「3法令」（幼稚園教育要領、保育所保育指針、幼保連携型認定こども園教育・保育要領）では、3歳以上の教育に関して、内容的に同等である。紙面の都合上、「幼稚園教育要領」をベースとして子ども観を解説する。

1　学習指導要領全体の向かう方向性 ──「資質・能力」の3つの柱

　今後とも変革し続ける未来を生きていくために育む力として、2016年12月の中央教育審議会「幼稚園、小学校、中学校、高等学校及び特別支援学校の学習指導要領等の改善及び必要な方策等について（答申）」において、「育成を目指す資質・能力」（第1部　第5章）という概念が提示された。これは幼稚園教育から、高等学校卒業時までを見通して育成を目指したものであり、以下の3つの柱から成り立っている。

（1）生きて働く「知識・技能」の習得

　　何を理解しているか、何ができるか

（2）未知の状況にも対応できる「思考力・判断力・表現力等」の育成

　　理解していること・できることをどう使うか

（3）学びを人生や社会に生かそうとする「学びに向かう力・人間性等」の涵養

　　どのように社会・世界と関わり、よりよい人生を送るか

　技術革新が進み、人口動態も変容し、ますます不確実な未来において、これからを生きていく日本国民としては、知識が多いことや、何かの手本を模倣することだけでは不十分である。周りとの調和を図り、自らの知識・技能を生かして、知っていることをどう使って新しい時代に対応していくかが非常に重要となる。

53

2 2017年に改訂された「幼稚園教育要領」から見る子ども観

改訂された幼稚園教育要領「第1章　総則」において、「幼稚園教育において育みたい資質・能力」として3つの柱が提示された。

---
(1) 「知識及び技能の基礎」

　　豊かな体験を通じて、感じたり、気付いたり、分かったり、できるようになったりする

(2) 「思考力、判断力、表現力等の基礎」

　　気付いたことや、できるようになったことなどを使い、考えたり、試したり、工夫したり、表現したりする

(3) 「学びに向かう力、人間性等」

　　心情、意欲、態度が育つ中で、よりよい生活を営もうとする

幼稚園教育において育みたいこれらの資質・能力（1）（2）（3）は、前ページに（1）（2）（3）として示した、高等学校卒業時までを見通して「育成を目指す資質・能力」へとつながっていく。すなわち、幼児期は、就学以降の資質・能力を育むための基礎を培う大切な時期なのである。

3 幼児教育期と学童期の接続

3つの資質・能力を育むにあたって、高等学校卒業期にて身に付けておくべき力、義務教育を終える段階で身に付けておくべき力、というように、各段階の終わりまでに育む力を明確にすることで、次の段階の学校との接続が考えやすくなる。

幼稚園教育要領「第1章　総則」に示された「幼児期の終わりまでに育ってほしい姿」とは、以下の10項目である。

---
1 健康な心と体	6 思考力の芽生え
2 自立心	7 自然との関わり・生命尊重
3 協同性	8 数量や図形、標識や文字などへの関心・感覚
4 道徳性・規範意識の芽生え	9 言葉による伝え合い
5 社会生活との関わり	10 豊かな感性と表現

これらの姿が幼児期に十分育まれた子どもが、小学校低学年での生活科を核とした総合的な授業「スタートカリキュラム」を経て、各教科の本格的な学びへと円滑に接続していくことが期待される。

　「幼児期の終わりまでに育ってほしい姿」の提示は、決して幼児教育への小学校教育の前倒しを意味するものではない。幼児期に必要な体験を十分に積み、学びの基礎をつくることが、小学校の各教科教育へとつながっていくことに注意してほしい。

【参考文献】

荒牧重人「一人ひとりを、かけがえのない存在として──『子どもの権利』を考える」『げ・ん・き』No.151　エイデル研究所、2015年、pp.12-22

喜多明人『子どもの権利　次世代につなぐ』エイデル研究所、2015年

清原正義・末冨芳・本図愛実編『教育基本法から見る日本の教育と制度──改正教育基本法で何が変わるか』協同出版、2008年

東野充成『子ども観の社会学』大学教育出版、2008年

野本三吉『子ども観の戦後史』現代書館、1999年

前田正子『みんなでつくる　子ども・子育て支援新制度』ミネルヴァ書房、2014年

内閣府・文部科学省・厚生労働省「子ども・子育て支援新制度　なるほどBOOK」、2016年

　　http://www8.cao.go.jp/shoushi/shinseido/event/publicity/pdf/naruhodo_book_2804/a4_print.pdf

中央教育審議会「幼稚園、小学校、中学校、高等学校及び特別支援学校の学習指導要領等の改善及び必要な方策等について（答申）」、2016年

（富山 大士）

第5章

発達段階理論
—心理学的視点から—

第1節　発達段階と発達過程

1　発達段階とは

　「発達」という言葉は、保育現場のみならず、さまざまな場面でよく使われ、また耳にする言葉である。

　人間の「発達」は一般に、「受精から死に至る時間の中で起こる、心身の量的・質的な変化のプロセス」と定義されるように「身長が伸びる」「体重が増える」といった量的増加や、「立つ」「歩く」「言葉を理解する」などの質的に何かを獲得していくという上昇的な変化ばかりではなく、「今までできていたことができなくなった」「時間がかかるようになった」といった下降的変化、すなわち、消失や衰退のような現象も発達と捉える幅広い視点が必要である。

第5章　発達段階理論－心理学的視点から

　このように、「発達」は連続する時間の中での連続的な、または、継時的な変化だと捉えることができる。しかし、そのプロセスの中で、ある時期、身体的、精神的に比較的大きな変化が認められることがある。人間の一生を、年齢や能力などのさまざまな側面に着目し、それらの変化の段階に応じて区分してきたものを「発達段階」と呼ぶ。段階と段階の間では、質的に異なる特性がみられる。例えば、乳幼児期においては、食事や排泄場面における自立の程度や、言語領域における一語文、二語文の段階などがよく観察される。これらの段階は、一般的に胎児期・乳児期・幼児期・児童期・思春期・青年期・成人期・老年期と区分される。

　従来の発達心理学において、発達段階説に基づく理論は多く見られ、いずれも、その後の発達心理学の研究や発展に大きな影響を及ぼしている。しかしながら、発達を段階に区分して捉える視点は、個人個人の生物学的な変化に重きをおくものである。各段階における能力の平均的基準からのずれや、各段階で達成しなければいけない発達課題をクリアしているかどうかといった、表面的に「何ができて、何がまだできていないか」ということで発達を捉える視点になりがちである。

　表面的な変化の背景には、変化としては現れないものの、日常生活の中で連続的に繰り返し、積み重ねられてきた意思を伴う行動が存在する。発達の最近接領域という、ヴィゴツキー（L. S. Vygotsky, 1896 〜 1934）が提唱した概念でも示されているように、誰かのサポートがなければ解決できないが、いずれは自分一人の力で解決可能になるという、発達の潜在領域にどのようにかかわるかという視点が保育者には重要である。

2　発達過程とは —— 関係性の中で子どもの主体性を育む

　最近、保育・教育現場においては、「発達段階」に替わって「発達過程」という言葉が使用されることが増えてきている。発達過程とは、発達段階における、子どもの能力を細分化して各領域ごとにどの程度到達しているのかを客観的に評価するという捉え方とは、異なる視点である。

57

「発達段階」を意識して「何ができて、何がまだできていないか」というように、断片化された能力の集合体であるかのように、子どもの能力面の発達を客観的に見るのではなく、一個の主体として子どもをまるごと見る見方といえる。その中で、養育者や保育者、友達や周辺の環境との多様な相互関係の中で、子ども一人ひとりがたどる多様で柔軟な発達の過程そのものを大切にしていく視点といえる。

　保育者は、発達段階という客観的で一般的な指標や理論を十分に理解したうえで、子ども一人ひとりの発達の過程に寄り添い、子ども自身ができること、できないことを、どのように受けとめているのかを理解することが必要である。「できないこと」を自らの課題として、積極的に取り組もうとしているのか、自己肯定感が持てずにいるのか、といった子どもの行動の背景にある気持ちを理解し、子ども自身が主体的に生き生きと日々を過ごすための支援やかかわりを、常に考えていく存在であることが求められる。

第2節　ピアジェの認知発達理論

1　発達段階説に基づくピアジェの認知発達論

　先に述べたように、発達段階説に基づく理論は多く、中でも認知という領域におけるピアジェ（J.Piaget, 1896〜1980）の認知発達理論（発生的認識論）は、現代の認知発達の基礎として重要な役割を果たした。

　最初に、「認知」とは「知る」こと全般を意味する言葉である。人間が外の世界からのさまざまな情報を処理する過程を表現する言葉の1つで、感覚、知覚、認知の順番でより複雑で高次な処理が可能となる。

　感覚とは、いわゆる五感と呼ばれる視覚・聴覚・嗅覚・味覚・触覚と、運動感覚、平衡感覚などを通じて外界の刺激を感じ、大脳でその刺激が認識されるまでの過程を指す。

知覚は、感覚で得られた情報と過去の経験を比較して、それらに関連がみられるかどうかを行う過程である。「認知」とは、思考や記憶、言語など、より複雑で構成的な概念形成といった高次な処理を行う過程である。

　ピアジェ理論によると、子どもは生まれたときから外の世界と接し、周りの環境や人とのかかわりといった、日常的なやりとりからその規則性を発見し、物や人に関する見方、考え方を構成していく。

　すなわち、自らの「行動」や「認知」の枠組み（シェマ）をつくり出す。さらに、その枠組み（シェマ）は、発達にともない多数つくられ、洗練されながら、これらを協応することも可能となる。ピアジェの理論は使われている用語が難解なため、次項に基本概念を図式化し、基本的な用語の解説と具体的な事例を用いて内容の説明をする。

2　ピアジェの認知発達論の基本概念

(1) 基本概念

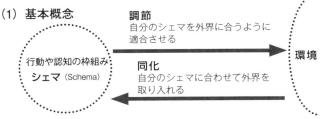

出典：筆者作成

(2) 基本的な用語の解説

　【シェマ】行動や認知の枠組み。

　【調節】外界に合わせて、自分の習慣的なやり方、既存のシェマを外界に合うように適合させる機能

　【同化】自分の習慣的なやり方で、既存のシェマに合わせて外界を取り入れる機能。

　【均衡化】同化と調節を繰り返しながら、既存のシェマを次の段階のさらに安定した高次のシェマに発達させる過程。

新しい環境に対して、人はまず今までの方法（シェマ：行動や認知の枠組み）を適用し、その環境を理解したり、適応しようとする。今までの方法（シェマ：行動や認知の枠組み）では理解できない、うまく適用できない場合、新しい方法（シェマ：行動や認知の枠組み）を試し、用いるようになる。

（3）　日常的な事例を用いた内容説明

　例えば、両手をたたくことが好きな子どもに、積み木をもたせる。その子どもが両手に持った積み木同士をたたいた場合、環境内で出会った新しい積み木という要素に対して、既存のシェマによって行動したのであるから「同化」の過程である。

　同じ子どもが、積み木同士をたたくのをやめて、積むという行動を行った場合、既存のシェマを修正して新しい要素（積み木）に合うようにシェマを適合させたことになるため、「調整」の過程である。

　さらに、その子どもがブロックを手にした際、たたく、積む以外に、適合する形のブロック同士をはめ込むということが可能になる。これが同化と調節の繰り返しによる、漸進的な「均衡化」である。

3　ピアジェの発達段階の特徴

　ピアジェは、**図表5-1**のように、認知発達の段階を、年齢別に４つの時期に分けた。

①感覚運動期（０歳〜２歳）

　口に入れる、たたくなど、感覚的・運動的体験を通して、具体的な行動により環境を認識し、適合しようとする段階。同じ行動を繰り返して行うことが、この段階の特徴である。

②前操作動期（２歳〜７歳）

　目の前にない事物や出来事について、記憶したり表象（事物や出来事をイメージ）することで思考する段階。この時期の思考は知覚の影響が大きく、自己中心的な思考が強い時期である。象徴的思考段階（２〜４歳）

第5章　発達段階理論一心理学的視点から

図表5-1　ピアジェの認知発達段階

感覚運動期	0～1ヵ月	反射の行使	生得的な反射活動を通して外界を取り入れる。
	1～3ヵ月	第一次循環反応	同じ動作を繰り返す（手を開いたり閉じたりするなど）。
	3～8ヵ月	第二次循環反応	動作の繰り返しに物を取り入れる（ガラガラを繰り返し振るなど）
	8～12ヵ月	二次的シェマの協応	目的と手段の分化（二つの動作を協力させて目的を達成する）、物の永続性の理解。
	12～18ヵ月	第三次循環反応	繰り返す行動を実験的に行い、バリエーションを増やしていく。
	18～24ヵ月	新しい手段の発見	実験を頭の中で行い、結果を予想するようになる。延滞模倣。
前操作期	2～4歳	象徴的思考	イメージ（表象）の形成により「今・ここ」にないものについて考えることができる。
	4～7歳	直観的思考	物事の見た目に影響されて論理的に考えることが難しい。
具体的操作期	7～11歳	具体的なものに限定した論理的思考	論理的に考えることができる。考える内容は具体的、現実的なものに限られる。「保存」の概念の獲得。
形式的操作期	11歳～	抽象的思考	論理的に考えることができる。考える内容は抽象的なもの（架空・仮定の話）にまで広がる。

出典：［本郷ほか、2007］を基に筆者作成

では「ごっこ遊び」に代表されるような表象的遊びを好み、自分自身の
イメージの世界を広げていく時期である。

　直観的思考段階（4～7歳）は、概念の能力が発達してきて、目の前
にある積み木やボールの大・小の比較や、一定の基準に基づいてグルー

61

プ分けなどができるようになる。しかし、知覚（見た目）の変化にとらわれやすく、そのものの本質（形が変わっても足したり、減らしたりしなければそのものの本質に変化がないということ）が理解されにくい。

　例えば、同じ量の水が入った、細い容器Aと、それより口の広い容器Bを用いて容器Bの水を、子どもの目の前で、容器Aに移し替えると、Aは細いので、容器の中の水位が高くなる。「水の量はどちらが多いか、同じか？」と尋ねると、水の量は変わっていなくても、見た目の変化にとらわれて、Aの細い容器に入った水のほうが多いと答えてしまう。

　このような保存概念は、次の具体的操作期へと移行する段階で獲得されていく。

③具体的操作期（７歳〜１１歳）

　見た目や個人的経験にとらわれず、目の前の事物の分類や、対応づけが可能になる。具体的な物や人に対しては、筋道を立てて論理的に考えることができるようになる。生き物を動物や、鳥、魚などに分類することが可能になるが、その対象や思考は具体物に依存している。

④形式的操作期（１１歳〜　）

　現実には存在しない、架空のものや仮定の話についても論理的に考えることが可能になる。思考が具体的な内容に依存しないことから、仮説に基づいて結論を導くという仮説演繹的思考が可能となる。また、抽象的なシンボルを用いた命題論理が可能になる。「命題」とは、ある判断を言語で表したもので、「A⇒B（AならばB）」のような記号（シンボル）を用いて、命題同士を関連づけるような思考が可能となる。

　ピアジェの認知発達論は、現在、領域固有性の視点などからさまざまな批判はあるものの、発達研究の基礎となったものであり、認知の発達過程を捉えるという視点では多くの示唆を与えてくれるものである。新しい研究や、ピアジェ以降の発達理論を学習する際にも、ピアジェ理論を理解しておくことは必要であると考えられる。

第5章　発達段階理論−心理学的視点から

第3節　エリクソンの社会的発達理論

1　発達段階説に基づくエリクソンの社会的発達理論

　エリクソン（E. H. Erikson, 1902〜1994）は、フロイト（S.Freud, 1856〜1939）のもとで精神分析を学び、後に自我の発達理論をつくり上げた研究者である。エリクソンは発達を、生涯にわたる自我の形成過程とし、各発達段階における解決すべき発達課題を、「心理—社会」的な視点から捉えている。

　次の項で、その基本概念を図表で示し、基本的な用語の解説と具体的な事例を用いて内容の説明をする。

2　エリクソンの社会的発達理論の基本概念

(1)「社会的発達段階」とは

　図表5-2（次ページ）のように、エリクソンは人間の生涯を8つの段階に分け、各発達段階の中で相対する重要な対人関係を通して、解決すべき発達課題を設定している。

　例えば、乳児期の発達課題は「基本的信頼」の獲得である。言葉によるコミュニケーションが未熟な赤ちゃんは、泣いたり、手足をバタバタしたり、声を出すことにより自分の欲求や状態を知らせる。周りの大人がタイミングよく、繊細に自分の欲求を満たしてくれるという体験を多くした赤ちゃんは、自分は周りの大人から大切にされていると実感する。

　これらの経験が周りの大人への信頼と、皆から大切にされる自分への信頼となり、基本的信頼感の形成につながっていき、次の発達段階へのスムーズな進展が可能となる。一方、さまざまな理由で欲求が満たされない体験を多くした赤ちゃんは、「不信」を抱えた自我が発達する場合もあると、エリクソンは考えている。

63

図表5-2 エリクソンの心理・社会的発達段階

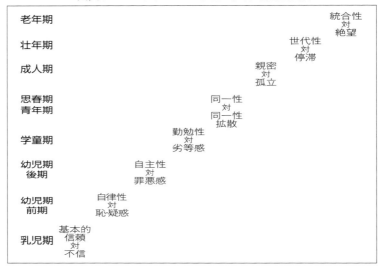

出典：[Erikson,E.H., 1963（仁科弥生訳1977、1980）]を基に作成

(2) 日常的な事例を用いた各段階における発達課題の内容説明

①乳児期（0歳～1歳）《基本的信頼感の形成》対《不信》

　自分の欲求や状態を知らせるサインに対して、周りの大人が欲求を満たしてくれるという体験を多くした赤ちゃんは基本的信頼感が形成され、そうでない場合は「危機」、すなわち不安や葛藤を伴った不信という感情が形成される場合がある。

②幼児期前期（2歳～3歳）《自律性》対《恥・疑惑》

　排泄や食事に代表される基本的生活習慣を、じょうずにできるようになることがこの時期の課題である。自分でやりたいという気持ちは強くあっても、なかなか一人ではうまくいかない。自分でやりたいという自己主張を見守り、サポートするかかわりが、幼児の自律性を形成する。失敗を強く叱ったり、繰り返し注意したりし過ぎると、子どもは自分の能力に自信が持てず、恥ずかしいという気持ちが形成される場合がある。

③幼児期後期（4歳〜5歳）《自主性》対《罪悪感》

　この時期は、集団生活における仲間関係を形成していく時期である。ほとんどの子どもが幼稚園や保育所などに通い、遊びを通して仲間同士のコミュニケーションや、社会生活に適応するためのルールを学んでいく。

　この時期はまだ、自己中心的な思考や行動が中心であるため、仲間同士のけんかや、おもちゃのとり合いなどのトラブルを経験することが多い。それらのトラブルに対して、保育者は仲介役となり、双方の気持ちを理解し受け止め、お互いにじょうずに遊べるようなかかわり方をすることによって、子どもたちの柔軟で適応的な自主性が形成される。

　保育者が、一方的にどちらかの子どもに罰を与えたりするようなかかわり方を多くした場合、罰を与えられた子どもは、自分は悪い子どもなんだという罪悪感が形成される場合がある。

第4節　ハヴィガーストの発達課題論

1　発達段階説に基づくハヴィガーストの発達課題論

　ハヴィガースト（R. J. Havighurst, 1900〜1991）は、人間が健全な発達を遂げるためには、乳幼児期から高齢期までの各年齢段階で、達成しなければならない課題があると考えた。このような発達課題の達成を通して、人間は発達していくと捉えている。

　次の項で、基本概念を**図表6-3**で示す。

2　ハヴィガーストの発達段階論の基本概念

　ハヴィガーストは、人生全体を6つの発達段階に分け、それぞれの段階に具体的な発達課題を設定した。それらの発達課題は、生物学的な適応と他者や自己による社会的な期待などが含まれる。それらの課題の達

図表5-3　ハヴィガーストの発達段階

発達段階	時期	発達課題
乳児期および幼児期	誕生～6歳	・歩行の学習 ・固いものを食べることの学習 ・話すことの学習 ・排泄（はいせつ）のしかたやコントロールすることの学習 ・性の違いを知り、性に対する慎みを学ぶ ・概念を形成し、社会的現実と物理的現実を表す言葉の学習 ・読むための準備をする ・良いことと悪いことの区別を学習し、良心を発達させる
児童期	6歳～12歳	・普通の遊びに必要な身体的技能の学習 ・身体を大切にし、有益に用いることの学習 ・友だちと仲良くすること ・男性あるいは女性としての社会的役割を学ぶこと ・読み、書き、計算の基礎的能力を学ぶこと ・日常生活に必要な概念を発達させること ・良心、道徳心、価値判断の基準を発達させること ・個人としての独立性を形成すること ・社会制度や社会集団に対する態度を発達させること
青年期	12歳～18歳	・同年齢の同性または異性との間に、新しいこれまでより成熟した関係を形成すること ・男性として、また女性としての社会的役割を学ぶこと ・自分の身体の構造を理解して身体を有効に使うこと ・両親や他の大人から情緒的に独立すること ・経済的な独立について自信を持つこと ・職業を選択し、そのための準備をすること ・結婚と家庭生活の準備をすること ・市民として必要な知識と態度を発達させること ・社会的に責任のある行動を求め、それを成し遂げること ・行動の基準となる価値や倫理の体系を学ぶこと
成人前期	18歳～30歳	・配偶者を選ぶこと ・配偶者との生活を学ぶこと ・家族を形成すること ・子どもを育てること ・家庭を管理すること ・職業に就くこと ・市民としての責任を引き受けること ・自分に適した社会集団を見つけること
中年期	30歳～60歳	・大人としての市民的・社会的責任を達成すること ・一定の経済的生活水準を築き、それを維持すること ・10代の子どもたちが、幸福な大人になることを助ける ・大人にふさわしい余暇活動を充実すること ・自分と配偶者が人間として結びつくこと ・中年期の生理的変化を受け入れ、適応すること ・年老いた両親に適応すること
成熟期	60歳以降	・体力や健康の衰えに適応すること ・退職および収入の減少に適応すること ・配偶者の死に適応すること ・自分と同年齢の人々と良好な関係を結ぶこと ・社会的役割や義務を引き受けること ・身体的に満足のいく生活が送れる準備をすること

出典：［Havighurst,R.J.1953（荘司雅子等訳1958）］を基に筆者作成

成が妨げられると不適応な状態が生じ、課題の達成に成功すると幸福が
もたらされるとしている。

これまで述べてきたように、さまざまな発達段階理論は、発達早期の
乳幼児の理解に多くの示唆を与えてくれる。しかしながら、時代的なず
れや、国による社会－文化的な違いもあるため、私たちの国の社会状況
や子育て・保育文化に照らし合わせた柔軟な理解が必要である。

また、日々発達していく乳幼児にかかわる養育者や保育者は、各発達
段階の課題の達成や、平均からのずれのみに着目するのではなく、子ど
もたちが何かを達成する際に、そこに至るまでの過程に着目し、その変
化に寄り添い、支援するという意識を持つことが重要である。

さらに人間の発達は、一人ではたちゆかない。乳幼児と乳幼児を支え
る保護者や地域の人たちとの関係の中で、自らの役割について考える視
点が必要である。

【参考文献】

後藤宗理編『子どもに学ぶ発達心理学』樹村房、1998年

子安増生編『よくわかる認知発達とその支援』（やわらかアカデミズム・わかるシリーズ）
　　　ミネルヴァ書房、2005年

浜崎隆司・田村隆宏編『やさしく学ぶ発達心理学』ナカニシヤ出版、2011年

林邦雄・谷田貝公昭監修、谷口明子・西方毅編『保育の心理学Ⅰ』一藝社、2012年

本郷一夫編『発達心理学　保育・教育に活かす子どもの理解』建帛社、2007年

無藤隆・遠藤由美・玉瀬耕治・森 敏昭著『心理学』（New Liberal Arts Selection）
　　　有斐閣、2004年

無藤隆・岡本祐子・大坪治彦編『よくわかる発達心理学〔第2版〕』（やわらかアカデミズム・
　　　わかるシリーズ）ミネルヴァ書房、2009年

ハヴィガースト著、荘司雅子等訳『人間の発達課題と教育——幼年期より老年期まで』
　　　牧書店、1958年

（小原 倫子）

第6章

幼児理解の方法 1
―行動観察―

第1節 行動観察

1 「行動」とは

　保育現場において保育者は、未発達な状態にある子どもを理解していくため、内面理解に努めていくことが強く求められている。

　だが、心の内を理解していくためには、目に見えないものを想像していくだけでなく、

　「子どもにとっていま起きている事物や現象がどのようなもので構成されているのか」

　また、それらが、

　「どのような意味を成して、子どもの行動が形成されたのか」

　そうした因果関係に目を向けていくことも、必要である。

この章では、日常的な生活場面における子どもの内面を客観的に理解するための道具として、心理学研究法のひとつである観察法の考えに基づき、「子どもの行動を観察するとは、どのようなことなのか」を考えていくことにする。

人間の行動を観察していく上で、行動の定義はとても重要な意味を成している。では「行動」とは、いったいどのようなことを指すのであろうか。

人は、「生まれながらにして決定されている行動」と、「生まれた後の経験によって獲得される行動」、2つの種類に分別されている。

前者は遺伝的に決まっている本能や反射であるのに対し、後者は生まれた後の経験を通して獲得される行動である。保育現場で観られる子どもの姿は、大半が後者の行動であることから、ここには必ず何かしらの経験が存在しているということになる。つまり、新たな行動を形成していくためには新たな環境といった特定の刺激が必要であり、その環境刺激によって、子どもの行為が変容していくといえよう。

これらのことから「行動」とは、子どもが行う全ての行為であるとともに、子どもと環境の相互の交流の中から生み出された成果物として捉えることができるのである。

2 「観察」とは

保育の現場では、日常の生活場面においてさまざまな場面を観ることができる。例えば、自由遊びの時間、戸外でドッジボールをして遊んでいた子どもが飛んできたボールに当たり「泣く」とか、積み木を積み上げて遊んでいる子どものところへ、通りかかった他児の手が当たって積み木が崩れ「ケンカが始まる」行動などは、どの園でもよく見受けられる。

こうした子どもの「泣く→ケンカが始まる」といった行動は、保育者が偶然、観た場面であり、事前にこうした場面が起きるように何か手が加えられていたわけではない。

しかし、こうした「泣く→ケンカが始まる」という状態が続くようであれば、保育者は、何が原因でこうした現象が起きるのか、その理由を考えていかなければならない。とはいえ、観る視点が定まっていなければ、いつまで経ってもこの問題は保育者の推測にとどまり、原因は見つからないことになる。つまり、ここで必要とされるのは、子どもの行動から原因と結果を関連づけ、これらの因果関係を推測していくことなのである。

以上のことから「観察」とは、ただ漠然と「目に映るものを見る」のではなく、対象となる外的行動を定めて、行動と環境との「関係性を内的に観ていく」作業であるといえよう。

3　自然的観察法

これまで「行動」と「観察」それぞれの言葉の定義について説明してきたが、これらを「行動観察」として定義するとすれば、行動観察とは、「人間の行動の法則性を解明していく」とても便利なものであるといえよう。

例えば、保育現場では、保育者があらゆる場面においてありのままの子どもの行動を観察している。ここで言う観察には、保育者の制限が何もかかっておらず、ふだんの子どもの生活行動すべてが観察の対象として示されている。こうした状態を心理学では「自然的観察法」という。自然的観察法は細かな決めごとがないため、保育者はさまざまな場面での観察が可能となり、子どもの行動の変化を追うことができる。

しかし、自然的観察法の中には、日常生活の中で偶然観察される行動もあれば、対象行動を定めてから観察を行う場合もある。偶然観察される行動とは。先に挙げた事例の通り、自然な状況の中で偶然、見かけた行動のことであるが、これを「観察対象」として捉えることは難しい。なぜならば、偶然観察された行動は、同じ環境が再現されるまでに時間がかかるため、保育者は待つことを余儀なくされるからである。

このため、偶然の行動を連続的に追っていくことは難しいことになる。こうした状態を心理学では「日常的観察法」と呼んでいる。

これに対して、時間・観察すべき行動・場面等、観察の手順を事前に決めてから観察を行う方法として「組織的観察法」がある。組織的観察法は、日常的観察法よりも観察視点が明確化されているため、因果関係をひもとく客観的な証拠となるデータを得ることが可能となる。

とはいえ、組織的観察法もまた、観察対象となる行動が生起されるまで待たねばならないこと、また、観察の視点や解釈が、観察者の先入観や期待といった主観に陥りやすいこともあり、因果関係を解明するまでの方法には至っておらず、限界が限られている。

このように、「自然的観察法」は、普段の子どもの行動や発言といった、ありのままの状態を観察することができる「偶然的観察法」と、観察すべき対象行動や発言を選択して計画的に観察を行う「組織的観察法」とに分けられているのである。

第2節　個人行動記録

人の行動を観察する場合、見るだけでは観察にならないこと、また、観察の視点と解釈の仕方が観察者の力量に左右されやすいことは、先にも述べた。

ここでは、その場で実際に起きている行動をどのように記録していけばよいのか、個人行動の記録のつけ方について、その具体的手法をみていくことにする。

1　日常的観察法にみられる具体的手法

日誌法

ひとりの子どもの行動を日誌形式で詳細に記録していく手法で、記述は、子どもにとっていちばん身近な大人によって行われる。観察の場面に時間や場所といった制限が何もないため、新たな行動や特徴的な行動等、子どもの変容過程を広く捉えることが可能となる。

図表6-1　T保育士の個人記録

名 前	遊びの経過と子どもの様子（4歳児：2015年7月2日現在）
K・C（女児）	今日の泥遊びでは、汚れることに抵抗があったが、「砂で遊ぶ→友だちの泥で遊ぶ→徐々に自分から興味を持って泥を遊びに取り入れてみようとする」というように、心が動きはじめた様子が見られる。友だちと一緒に自分からいろいろな素材にかかわって楽しむ姿を見守っていきたいと思う。
K・R（男児）	全身泥だらけになって遊んでいる。さまざまな遊びに興味を持ち、遊び方の工夫や、蛙目粘土（がいろめねんど）を使った遊びでは、サラサラ粉のように細かくする方法を試行錯誤して探る様子が見られた。また、友だちと一緒に場を共有して遊んだり、遊び方を提案したりする姿も見られるようになってきたので、友だちと一緒に遊ぶ楽しさを十分に味わってほしいと思う。
T・S（男児）	泥んこ遊びを楽しんでいる。友だちの遊びに興味を持ち、仲間に入って遊びを楽しむ姿も見られ、面白い発想や、工夫する姿も見られる。いろいろな遊びへ興味を持ち、「やってみたい」という気持ちもある。これから好きな遊びにじっくりと取り組む楽しさを味わってほしい。

出典：T保育士の「個人記録」から原文まま

　また、こうした特質を生かし、保育現場では保育記録のひとつとして活用されている。
　その一方、観察者（保育者）の主観が入りやすかったり、観察に偏りが生じやすかったりして、客観性に欠けた記録となりやすい（**図表6-1**）。

2　組織的観察法にみられる具体的手法

　子どもを理解していくためには、「子どもの姿を意識的に観ていく」必要がある。「何も意識せずに子どもを見る」ことは、見ているだけの行為に過ぎない。そこで、組織的観察法には正確な観察の視点に近づく手法として4つの手法が設けられている。

（1）　時間見本法

　時間見本法とは、観察対象として定めた行動を観察者が決めた時間単位で区切り、時間単位ごとに生起される行動をカウントして、対象行動の変容を追っていく手法である。例えば、4月当初の3歳児クラスの保育室では、入園したばかりの子どもが園に親しみを持って登園ができる

よう、保育者は保育室の玩具に大変気を配って選択していることが多い。

そこで、3歳児の子どもがどのおもちゃを使って遊んでいるかを観察しようとした場合、保育室で1分間の観察を20回行うとする。すると、子どもにとって人気のあるおもちゃと、人気のないおもちゃが分かり、保育環境の整備へとつながっていくことが考えられる。ただし、子どもの行動の流れを観察者の判断で時間単位に区切ってしまうので、時間外の行動はデータに含まれないといったデメリットがある。

（2）　事象見本法

事象見本法とは、観察対象となる行動が「いつ・どのように」生起されるのか、行動自体に焦点を当てたもので、この行動がどのような結果をもたらすのかといった、一連の行動変容を追っていく手法である。

例えば、保育者の役割のひとつでもある"叱る"という事象に限定したとする。この場合は保育者の経験年数と叱り方を観察することで、同じ保育者という立場の者が子どもを叱るといっても、叱り方の内容がどのように異なるのかというキャリアの違いをうかがい知ることができるかもしれない。ただし、これも観察対象となる事象が生起するまで待たねばならないことから、データ収集に時間がかかるデメリットがある。

（3）　場面見本法

場面見本法とは、一定の周期において繰り返し起きそうな行動を場面ごとに一覧にまとめておき、それを継続的な観察によってチェックしていく手法である。

例えば、保育者が落ち着きのない子どもの行動を場面ごとに記録に残しておくことで、先回りした保育計画を立案することが可能になることが考えられる。また、この手法は、変化のあった行動が、偶然か否かを判断するデータとして信頼性が高いとされる。

（4）　評定尺度法

評定尺度法とは、事前に評価項目と行動の程度を尺度化しておき、対象行動を一定時間観察したのちに、観察者の印象によって評定していく

手法である。事前の準備が簡単で誰にでも実施しやすいメリットがある
が、決められた項目でしか評価できないこと、また、観察者の主観によ
って評価がされるので信頼性が失われやすいといったデメリットがある。
　観察の対象にはあらゆる行動が含まれる。従って、行動観察を実施し
ていく際は、何を観察していくのか目的を明確にして、どの行動には、
どの手法が適切なのかを見極めて活用していくことが望まれる。

第3節　参加観察法

　ひとことで観察をするといっても、観察の形態を知ることや観察場所
でのマナー等を事前に把握していくことも必要である。そのうえで最も
明確にしておかなければならないことは、観察する場において「観察者
は訪問者の立場」であり、少なくとも観察対象にとって影響を与える存
在であることに間違いないということである。
　ここでは、主に保育現場における観察者としての配慮事項について、
みていくことにする。

1　観察の形態

　観察の形態には、以下の3つがある。

---

　①「交流的観察」
　　観察者が、観察対象者とかかわりを持ちながら観察を行う
　②「非交流的観察」
　　観察者が、観察対象者とのかかわりを最低限に抑えて観察に徹する
　③「面接観察」
　　観察者が、観察だけでは得られない情報を観察対象者と面接して
　　得ようとする

　例えば、保育者養成校に通う学生が参加している実習に当てはめると
すれば、次のように該当すると考えることができる。

第6章　幼児理解の方法1 ── 行動観察

実習と観察の関係
・「観察実習」→　②「非交流的観察」
・「参加実習（部分実習・責任実習含）」→　①「交流的観察」

　とはいえ、観察の形態はあくまでも、ひとつの枠組みであり、目的に
応じて変化せざるを得ない場合もある。実習に限らず、観察を行う際は、
これから観察しようとしている目的に、どの形態が適しているのかをよ
く見極めて決定していくことが必要なのである。

2　観察者としての立場

　観察に目的を持って実施すべきであることは、すでに述べたが、たと
え事前準備を怠らなかったとしても、観察は自分の努力だけで完結する
ものではない。ここには必然的に観察対象者と対象者が存在する現場が
必要となるのである。つまり、観察者が現場に足を踏み入れる際は、自
分の立場をわきまえて観察を実施しなければならないということである。

　例えば、観察の目的を明確にした状態で、保育現場を訪問したとしよう。
保育現場の反応はどうであろうか。突然現われた観察者に興味を示す子
どももいれば、不安を隠しきれず、観察者を避ける子どももいるはずで
ある。同様に、ふだんの保育を平然と実践できる保育者もいれば、観察
者の視線を意識して、よそよそしい保育を実践する保育者も現れよう。

　こうした行動の変化は、紛れもなく観察者の介入によるものであると
考えられる。よって、観察者はいきなり観察を開始するのではなく、観
察の前段階から園に足を運び、観察対象者となる子どもや、保育者と徐々
に関係性を図っていくことが求められるのである。ありのままの行動を
観察して記録したければ、これは当然のこととともいえよう。

　しかしその一方で、子どもの場合は、円滑な関係性を築いていくとい
っても年齢によって関係性ができる期間は異なるため、十分な余裕を持
って計画を練っていくことも大切となる。

75

用意周到な準備を終えても、これからが観察本番である。まだまだ気を抜いてはいけない。そもそも系統的に観察を行っていくこと自体、保育現場にとってはひどく迷惑なことなのである。観察したい場面があれば、観察者も子どもや保育者と同じ場に最初からいるべきである。

　互いの気持ちが通じ合ってくると、環境にも変化が現れはじめるが、慣れることによって緊張感がなくなることもある。観察者は子どもや保育者と同じ場面の人間として位置付けられる努力を怠ってはならないし、同時に出しゃばってもならないのである。

　いずれにせよ、観察をうまく行うためには、「観察者自身が自らを訪問者であると自覚すること」から始まる。まして、保育現場といった幼い子どもたちが集まる観察場所においては、観察者自身がどれだけ気配りをしたとしても、観察者の存在そのものが保育の障害になっていることに変わりはないのである。

3　倫理問題

　観察を始めるにあたっては、最初に観察対象者の同意を得ることが必要となる。観察場所が保育現場になる場合は、必ず園長への確認も必要であろう。ただし、いったん同意を得たからといって、園内にあるものをすべてが観察対象となったわけではない。目的以外の観察については必ず園側への確認を怠らないようにすべきである。

　また、ここで大切なのは、観察対象者が自分の意志で観察を辞退することも可能であることを説明していかなければならない。データをとるために必要な情報機器の使用等についても、仮に、観察対象者の同意が得られない場合は、使用をあきらめざるを得ないことになる。

　最後に、観察によって得られた行動データは、すべて個人情報の意味合いを備えているということを忘れてはならない。以上のことから、データの取り扱いには社会的責任が伴うことを意識して管理していかなければならないのである。

【参考文献】

奥田健次著『メリットの法則 ── 行動分析学・実践編』集英社、2012年

柴山真琴著『子どもエスノグラフィー入門 ── 技法の基礎から活用まで』新曜社、
2006年

杉山尚子著『行動分析学入門 ── ヒトの行動の思いがけない理由』集英社、2005年

中澤潤・大野木裕明・南博文編『心理学マニュアル観察法』北大路書房、1997年

古澤頼雄・斉藤こずゑ・都築学『心理学・倫理ガイドブック ── リサーチと臨床』有斐閣、
2000年

箕浦康子『フィールドワークの技法と実際 ── マイクロ・エスノグラフィー入門』
ミネルヴァ書房、1999年

（橋村 晴美）

第**7**章

幼児理解の方法 2
―知的行動―

第**1**節　知能

1　「知能」の測定

　私たちは、「イルカは賢い」「カラスは頭が良い」といったことをよく
耳にする。だから、「イルカは、人間の言葉を理解したり、自分たちが
演じる曲芸の流れを覚えられる」。「カラスは、走行する自動車のタイヤ
にクルミを割らせるために、車道にクルミを置くそうだ。すごい知恵！」
と思ったりする。こうした、「賢さ」や「頭の良さ」に関して語り合うとき、
私たちの頭の中には、理解力や記憶力、思考力といった「知能」の概念
がある。

　「知能」への関心とそれを測定する必要性は、教育の現場で生じた。そ
れは、20世紀初頭に義務教育が始まったフランスにおけるものであった。

パリの小学校において、授業についていくことが難しい児童を判定し特殊教育に配置する必要が生じ、フランスの教育省は、ビネー（A. Binet, 1857〜1911）に判定の指標となる装置の開発を要請した。ビネーはそれに応え、シモン（T.Simon, 1873〜1961）と協力して、世界で最初の知能検査を作成した。この知能検査は、1905年版（1905 Scale）と呼ばれ、易しい問題から難しい問題へと配列された30問から成っていた。

このとき、ビネーは「子どもの知能は遺伝的に固定されている」という考えで作成したのではなかった。むしろ、「子どもの知能は教育によって伸びていく」と捉えていたのだった。その後、改訂が重ねられ、1911年の改訂版では、3歳〜10歳、12歳、15歳、成人の各年齢層に5問ずつ設定された。

ビネーは、「知能」を「精神年齢」（Mental Age : MA）によって示した。しかし、ドイツのシュテルン（W.Stern, 1871〜1938）は、「暦年齢」（Chronological Age : CA）が異なると、精神年齢が示す意味が異なると批判し、精神年齢と暦年齢との比率によって「知能」を示した。

その後、ターマン（L.M.Terman, 1877〜1956）が、アメリカでビネー式検査を改良して普及させ、シュテルンによる「精神年齢と暦年齢との比率」を100倍した知能指数（Intelligence Quotient : IQ）の概念を提案し、1916年にスタンフォード・ビネー検査を発表するに至った。

その公式は、以下のとおりであった。

$$\text{知能指数（IQ=Intelligence Quotient）} = \frac{\text{精神年齢（MA）}}{\text{暦（生活）年齢（CA）}} \times 100$$

上の公式は、精神年齢が暦年齢に比例して直線的に発達することを前提にしている。しかし、実際には、10代の半ばを過ぎると精神年齢の伸びは緩やかになる。すると、この式で求めた知能指数は暦年齢の上昇とともに低下することになり、測定結果の正確さが損なわれてしまう。したがって、1960年の改訂版からは偏差IQも導入されている。

こうした変遷を持つスタンフォード・ビネー検査であるが、現在も改良が続いている。また、日本においても、最初に伝わったのは1908年であったが、その後、スタンフォード・ビネー検査を基に、田中・ビネー知能検査や鈴木・ビネー知能検査などが開発され、普及している。

　広く普及しているもう一つの知能検査として、ウェクスラー（D. Wechsler, 1896～1981）の知能検査がある。1939年に、成人用の知能検査（WAIS：Wechsler Adult Intelligence Scale）が発表され、1997年には、WAIS-Ⅲが刊行された（日本版は2006年に刊行）。

　さらに、ウェクスラーの知能検査の子ども用として、WISC（Wechsler Intelligence Scale for Children）と、WIPPSI（Wechsler Preschool and Primary Scale of Intelligence）も開発され、WISCの日本版は1953年に刊行され、2003年にはWISC-Ⅳが刊行された。

　日本版での対象年齢は、WISCが5歳10ヵ月～16歳11ヵ月、WIPPSIが3歳10ヵ月～7歳10ヵ月となっている。また、ウェクスラーの知能検査では、全検査IQが得られるだけではなく、複数の下位検査から算出された言語性IQと動作性IQも示されるという特徴を持つ。

　かつてIQは、生涯を通じて変わらないとされていた。しかし、「知能」は、どのような経験をし、刺激を受けたかといった環境の違いに影響を受けることが実証的に示されてきた。ゴッテスマン（I. I. Gottesman, 1930～2016）は、環境の豊富さは知能を高め、逆に恵まれない環境はそれを低めることを示した（**図表7-1**）。

　しかし、平均以上の潜在知能を持つ者（CとD）は、遅

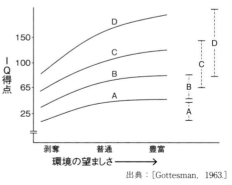

図表7-1
知能の水準と環境の状態によるIQの変動

出典：[Gottesman, 1963.]

滞者やさらに障害の程度の重い者（ＢとＡ）よりも可変の範囲は大きい。

　このように、その効果は個人の持っている遺伝可能性によって異なること、知能の伸びに対する環境の影響力が遺伝的な可能性に規定される事実もまた、明らかにした。

2　新しい「知能説」

　心理学の進展とともに、新しい「知能説」がいくつも生まれた。

　その中のひとつで「多重知能説」は、神経システムの違いに由来する、7つの領域から知能を捉えた考え方である。具体的にはガードナー（R. A. Gardner, 1931〜2003）が理論的に想定したもので、以下の通りである。

> ①**言語性知能**：ことばを扱う能力
> ②**論理的・数理的知能**：モノの数や量を理解する力
> 　（物事がなぜそうなるかについて興味をもったり、考えたりする）
> ③**空間的知能**：空間をイメージしたりする力
> 　以上、従来考えられてきた知能のほかに、
> ④**音楽的知能**：歌ったり、演奏したりする力
> ⑤**身体・運動感覚的知能**
> 　（敏捷さを求められるスポーツ、ダンス、毎日の活動にかかわる能力）
> ⑥**対人関係知能**：他者とかかわり、やり取りする力
> ⑦**個人内的知能**：自分の内面について省み、考え、知る力

　また、「情動知能」という考え方がある。その最初の定義は、サロヴェイ（P.Salovey, 1958〜）とメイアー（J.D.Mayer, 1953〜）によるもので、「自分自身や他者の感情を対象化して認知し、さまざまな感情の違いが分かり、それを適切に命名し、感情が持つ情報を利用して思考と行動を導く能力」〔Salovey & Mayer, 1990〕というものであった。

　その後、ゴールマン（D.Goleman, 1946〜）が、「自分自身の情動を知る」「感情を制御する」「自分を動機づける」「他人の感情を認識する」「人間関係をうまく処理する」の5つに分類し、社会的に成功する上での情動知能の重要性を説いた。

81

また、日本の研究者は「人の気持ちを理解し、自分の感情を制御し、自分の置かれた状況に適正に対応できる能力」と定義し、それぞれの能力を「自己対応」「対人対応」「状況対応」と呼んだ（内山・島井・宇津木・大竹、2001）。「自己対応」とは、自分の感情状態を知り、行動を調整する能力であり、対人対応とは、他者の感情状態を知り、適切な感情反応を起こし、対人関係を維持する能力、そして、状況対応とは、自分を含む集団がおかれた状況の意味を知り、正確に捉え、リーダーシップを発揮し、臨機応変に対応できる能力である。

第2節　感覚

1　聴覚

　胎生15週目に入る頃にはすでに、外界の音や母体内の音は振動によって子宮に伝わり、胎児の時から聴覚は機能している。
　このことを、生後1日目の新生児を被験者としたデキャスパー（A. J. DeCasper）とファイファー（W. P. Fifer）の実験結果が明らかにしている［DeCasper & Fifer, 1980］。二人は、新生児にヘッドフォンからさまざまな種類の音声を提示し、吸いつき（吸啜反応）の回数やタイミングを、おしゃぶりを用いて測定した。その結果、男性の声より女性の声に、他の女性の声より自分の母親の声に反応することが確認されたのである。
　また、別の実験では、生後数日の新生児が、異国の言葉よりも母国語に有意に反応することも確認された［DeCasper & Spence, 1986］。これらの結果は、胎児の時から聴覚が機能していることを証明している。

写真7-1　新生児の吸啜反応実験

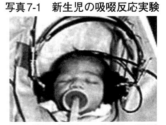

出典：[DeCasper & Fifer, 1980.]

2　視覚

　光によって伝わる視覚は、まっ暗な胎内から出ない限り刺激を受けない。したがって、聴覚に比べ視覚の完成は遅れがちである。誕生時の視力は、0.02ほどである。しかし、25〜30cmにピントが合う。つまり、25cmより近くも、30cmより遠くもぼんやりしているが、25〜30cmの距離にあるものは、はっきりと見える目を持って誕生するのである。

　さて、それはなぜなのだろう。哺乳類の中で、ヒト科のヒトの子どものみが、誕生から1年近く、自力での移動ができない。他の哺乳類の子どもはみな、誕生から数時間以内には自力で移動し、母親の乳房にたどり着き、乳を飲む。すなわち、自力での生命維持が始まる。

　しかし、ヒトの子どもにはそれができないため、養育者による生命維持が不可欠なのである。養育者によって抱き上げられ、授乳されるその時の両者の顔と顔の間の距離が25〜30cmなのである。その後、生後4ヵ月には、「水晶体」の調節が大人のレベルに近くなり、「網膜」の敏感さも、5ヵ月までには成人の3分の1程度になる。視力もまた、生後6ヵ月には0.1程度に、3歳を越える頃には、成人の水準に達するのである。

3　味覚・臭覚・触覚

　味覚と嗅覚は、特定の化学物質の分子を受容体で受け取ることで生ずる感覚である。両者の違いは、味覚が特定の対象に接触し、嗅覚はその動物の周辺に散らばっているものを受け取る点である（遠くにある対象からもにおいを受け取れるため、対象を遠くから知るためにも使われる）。

　苦味・甘味は生後2ヵ月頃には弁別される。心地よい匂い、嫌な匂いといった弁別は成長過程での学習によるところが大きいとされている。また乳児期から、子どもは、毛布、タオル、ぬいぐるみなどの感触に愛着を示すようになる。こうした無生物の対象は、「移行対象」（transitional object）と呼ばれるが、生後6ヵ月〜1歳頃にかけて発現する場合が多く、

その主たる機能は、母親との分離などストレスフルな状況で、母親やその乳房の象徴的代理として、子の情緒を静穏化するところにあるとされる。

一方、胎児期における「感覚的な準備」は、視聴覚よりも触覚や味覚・嗅覚の方が際立っている。胎児は羊水を飲んだり吐いたり、自分の体を触ったりといった自発的な運動や、その結果得られる味や匂い、感触といった感覚によって、子宮内の環境を学び、自分の体について知っていく。胎児期に指しゃぶりなどの接触運動ができないと、大脳皮質の体性感覚野の形成が阻害される可能性があるという指摘［國吉・森, 2012］もあり、こうした誕生後に向けた「感覚的な備え」の重要性が示唆されている。

第3節　感情（情動）

感情（情動）の定義は、研究者間で一致していない。しかし、「感情は、3つの位相から捉えることができる」ということについては、かなり一致している。一方、感情の発達については、まず、苦痛、満足感、興味の感情が存在しており、生後3ヵ月頃までに、満足から喜びが分かれて生じ、苦痛からは悲しみや嫌悪が出現し、4～6ヵ月の間に怒りが、また6ヵ月には恐れが現れるとされる。そしてやがて、大人の持つ感情の多くが、2～3歳頃までに出現するとされている［M.Lewis, 1993］。

1　感情状態・感情経験・感情表出

先に挙げた、感情を捉えるための3つの位相の1つは、「感情状態」であり、これはすなわち、生理的反応（発汗や脈拍の変化など）である。2つめは、「感情経験」であり、自覚的に感情を体験するといった主観的経験である。そして、3つめは、「感情表出」である。すなわち、表情や動作、言葉、作品（例えば、文章、絵画、音楽）としての表出行動である。感情表出としての顔表情が生得的なものであることを、先天盲の

乳児の微笑［Cole & Cole, 1989］が象徴している（**写真7-2**）。

また、感情経験が生じるまでの過程に関する仮説には、ジェームズ・ランゲ説（James-Lange theory）とキャノン・バード説（Cannon-Bird theory）とがある。ジェームズ・ランゲ説とは、感情刺激によって引き起こされる自律神経系と体性神経系の生理学的反応パターンを脳が感知することによって感情経験が生じるとする考え方である。

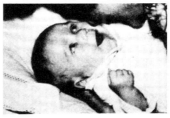

写真7-2
2ヵ月半の先天盲の乳児の微笑

出典：［Cole & Cole, 1989.］

一方、キャノン・バード説は、感情刺激は2つの独立した興奮性効果をもたらすが、それは脳内の感情経験、および、自律神経系と体性神経系に現れる生理学的反応であるとする考え方である。

2 感情は「進化の産物」

では、なぜ人間には、感情が備わったのだろうか。感情には以下のような、人間の「生存＝生命の維持」につながる役割があるとされている。まず、動機づけ（行動を起こさせる内的なエネルギー）の役割である。快感情を抱いていると、人はのびのびとはつらつとした行動をとることができる。また、不快感情を抱いている場合には、反射的に動き出したり、あるいはその感情状態から抜け出よう出ようと試みたり、方略を練ったり（思考）する。こうした行動を動機づける役割が一方にある。

さらには、評価システムの役割を持つ。直面した現実に対する反応としての感情は、外界に、表情や音声、身ぶりとして表出され、他者に伝達される。それは、危険性を迅速に伝達する手段となることもあり、受け手もそれに反応を返すといったコミュニケーションもまた生み出す。このようにして、感情は、人の「生き残り」に役立ってきたと考えられる。感情はまさに、「進化の産物」なのである。

第4節　言語

1　話し言葉の「基礎」となるもの

　生まれる瞬間、赤ちゃんは声門を閉じて、わずかな隙間から無理やり空気を吐き出すことで「産声」を上げる。この時、肺胞にかかる圧力により、肺水が毛細血管などに追い出され、肺胞は完全に空気で満たされる。こうして、自律呼吸が始まるのである。

　赤ちゃんはその後、1日に何度も泣く。赤ちゃんが泣くたびに、養育者は「お腹がすいたかな？」と授乳したり、おむつを替えたり、赤ちゃんのために動く。また、赤ちゃんは生まれて間もなくから「微笑」を見せる。この時期の「微笑」は誰かに向けた快感情の表れではなく、筋肉の緊張が作り出した表情である。しかし、この微笑みを目にするたびに、養育する側には赤ちゃんへの愛おしさが募り、撫でたり、抱き上げたり、汗をかいてはいないかと確認したりする。こうした赤ちゃんの「泣き」「微笑」、そして相手をじっと見つめる「注視」「追視」は信号行動と呼ばれ、「言葉の前にある言葉」の意味を持つ。

　赤ちゃんの「信号行動」にこたえたり、はたらきかけたりする行動は、「養育行動」と呼ばれる。すなわち赤ちゃんの「信号行動」は、大人から「養育行動」を引き出すために備わった機能であり、両者の関係性は、対人的コミュニケーションの原型と言える。

　やがて、生後2ヵ月頃には、他者のはたらきかけに反応してほほえむようになる（社会的微笑）。また、生後1ヵ月半頃から、誰もいない部屋でも発する「独自的喃語」も、3ヵ月頃には、誰かがいるところで誰かに向けて発する「社会的喃語」へと移行する。これらもまた、「言葉の前にある言葉」である。

2　生活の中で「言葉」にかかわり続ける

　赤ちゃんは、家族との日常の中で、保育所に通っている場合には、仲間や保育者とのやりとりを通して、日々、言葉にかかわり続けている。

　朝、「いってきます」と言って、親やきょうだいが出かける。夕方になると、「ただいま」と言って戻ってくる。その繰り返しの中で赤ちゃんは知っていく。「いってきます」ってこんなこと。「ただいま」ってこんなこと。

　お友だちが保育室でぐずって泣いている。保育士さんが声をかける。「いやいやなのー？　いやいやなのねー」。お迎えの時間、お友だちがお母さんに抱かれて帰っていく。子どもの手を振らせながら、母親が「ばいばい、ねー。ばいばいだねー」と言っている。そこでも赤ちゃんは知っていく。「いやいや」ってこんなこと、「ばいばい」ってこんなこと。特定の音声とある状態とが結びつくことにより、「言葉は意味を表す」ということを知っていくのである。

　生後8〜9ヵ月頃からは、例えば、母親が何かを指さして「ほらほら……」と声をかけると、そのさし示す方へ視線を向けるようになる。同じ対象を自分と赤ちゃんが見ていることを確認しながら、母親は「かわいいにゃんにゃんねー」と赤ちゃんに語りかける。

　このとき母と子は、視覚的にも、情緒的にも意味を共有する。これを「共同注意」と呼ぶ。その後まもなく、赤ちゃんにも、「あれをママにも見せたいよー」という思いが湧くようになる。まだ不器用なてのひらをその方向へ伸ばし、非反復喃語ともジャーゴン（jargon）とも呼ばれる母国語に近い発声を伴ったりしながら、意味の伝達を試みる。母親がそれに応えて、「あらー、ちょうちょうねー、ひらひらねー」などと応える。

　こうしたやりとりの中に登場する「指先」には、「意味」が込められている。すなわち、意味を表す言葉を話すことのできない段階における「指さし」もまた、「言葉の前にある言葉」であり、言葉のはたらきをしているのである。

3 話し言葉の獲得へ

　意味を表す言葉は、「有意味語」と呼ばれ、生後10ヵ月頃から現れはじめる。初めて獲得した有意味語を「初語」という。意味を持つ言葉を話しはじめたということは、その子どもが、「言葉」をコミュニケーションの道具として使い始めたこと、すなわち、「話し言葉」の使い手になったということを意味している。それはまず、「わんわん」、「パパ」といった一語発話（一語文）から始まり、次に「わんわん、あっち」「パパ、カイチャ（会社）」といった二語発話（二語文）へ、やがて「モモちゃんが」「モモちゃんの」などの格助詞、「ママも」といった副助詞、「……ね」などの終助詞も用いるようになり、出来事について説明したり、自分の気持ちを表現できるほどの多語発話（多語文）の使い手（話し手）になっていく。

　そして、幼児期の後半には、話し言葉だけではなく、言葉を表す「文字」に関心を持ち、理解しはじめることにより、「読み書き能力（literacy）」も発達していくのである。

第5節　思　考

1 感覚運動期における思考の発達

　ピアジェ（J. Piajet, 1896～1980）の「認知発達理論」によると、感覚運動期（誕生～2歳）は、なめたり、触ったりして自分を取りまく世界を認識し、適応しようとする時期である。

　その第1段階（出生）には、生得的な反射によって「（手に乗せられた、たまたま触れた）物をつかむ」というシェマが生じる。

　第2段階（1～2ヵ月）には、2つ以上のシェマの協応が生じる。例えば、指を吸うという行動は、「吸う」シェマと「手を動かす」シェマの協応である。それが繰り返し行われたならば、それはすなわち「自分

第7章　幼児理解の方法2 ── 知的行動

自身に対する行動の繰り返し」という「第一次循環反応」の現れでもある。

第3段階（3～6ヵ月）には、「第二次循環反応」が現れる。これは例えば、たまたま足がモノにあたったときに、それが動いたことに気づくなどしてそれを繰り返し試みるといった「外界に対する行動の繰り返し」である。

第4段階（7～9ヵ月）には、「目的－手段」の関係づけによる行動が現れる。例えば、「その下にある物を取ろうとタオルを払いのける」といった行動である。第5段階（10～12ヵ月）には、新しい手段の発見が起こる。それは、「タオルを払いのけるための別の手段を見つける」「さまざまなやり方で物を落とす」といった行動をもたらす。

そして、第6段階（13～18ヵ月）には、「行動する前に結果を予期する」といった洞察の現れがある。

2　「対象の永続性の理解」の発達

「対象の永続性」とは、いま目の前になくても、それは存在し続けるという物質の性質である。赤ちゃんは、その性質についても徐々に理解するようになる。

生後1～2ヵ月頃の乳児は、視野から取り除かれたものは、探さない。しかし、3～6ヵ月になると、部分的に隠された物は探すようになる。7～9ヵ月頃には、完全に隠された物であっても探すようになる。このことはすなわち、「対象の永続性」を理解し始めたことを意味する。

しかし、その探し方は、《見ている前で》、A→Bに移動した場合にも、Aの場所を探すというものである。10～12か月頃になると、見ている前で、A→Bに移動すると、Bの場所を探すようになる。しかし、見ていない所で動かされたものは探さない。

その後、13～18ヵ月頃には、《見ていない所で》動かされてもそのものを探すようになる。このことはすなわち、「それは存在し続ける＝対象の永続性」を確信していることを意味している。

89

3 前操作期・具体的操作期における思考の発達

その後、前操作期（2歳～7、8歳）が訪れる。この時期には、心の中に思い描くイメージに依存した認知の仕方で物事を捉える。また、言語が獲得され、認知の重要な手段となっていく。

前半には、論理的ではないが、「思考」と呼べるものが現れ始める。しかし、それはまだ、自分の経験に基づくイメージを中心とした「前概念」と呼ばれるものに依存しており、「保存」についても理解できない。

後半には、主観的で直感的ではあるけれども、論理的思考の兆しが認められ、「保存」の概念も登場する。しかしながら、自分からの「見え」と他の位置からの「見え」が区別できない。こうした、「前操作期」における認知の仕方は、見かけへのとらわれやすさ、自己中心性、アニミズムといったこの時期の特徴（心性）とかかわっている。

【引用・参考文献】

内山喜久雄・鳥井哲志・宇津木成介・大竹恵子「情動知能尺度（EQS：エクス）の開発と因子的妥当性、信頼性の検討」『産業ストレス研究』8(3)，pp.153-161，2001年

國吉康夫・森裕紀「 胎児発達の構成論的研究と発達障害理解」『人工知能学会誌』，27（1），pp.20-27，2012年

Cole, M., & Cole, S. *The development of children.* W. H. Freeman, 1989

DeCasper, A. J., & Fifer, W. P. Of human bonding: newborns prefer their mother's voice, *Science*, 208, pp.1174-1176, 1980.

DeCasper, A. J., & Spence, M. J. Prenatal maternal speech influences newborn's perception of speech sounds. *Infant Behavior and Development, 9*, pp.133-150, 1986.

Gottesman, I. I. Genetic aspects of intelligent behavior. In N. Ellis (Ed.), *Handbook of mental deficiency: Psychological theory and research*. McGraw-Hill、1963.

Lewis, M. The emergence of human emotion. In M, Lewis & J. M. Haviland (Eds.), *Handbook of emotions,* Guilford Press, pp. 223-235, 1993

Salovey, P. & Mayer, J. D. Emotional intelligence. *Imagination, Cognition, and Personality*, 9,pp. 185-211, 1990

（松田 久美）

第 **8** 章

幼児理解の方法 3
――パーソナリティ――

第1節 幼児のパーソナリティ

1 人格・性格・気質

　「人格」は、英語 personality に対応してつくられた日本語である。心理学的には「個人に、ある程度一貫した独自の行動や意識的な経験をさせる心身の諸傾向の統一的な体制」という意味を持つ。主に、人の言動や振る舞いに現れ、他者によって観察可能なものというニュアンスを持つ。幅広く「人間としての存在」を指す場合もある。

　「性格」は、英語 character の和訳である。心理学的には「人の個性的な独自性を特徴づける諸性質のまとまり」という意味を持つ。持ち前の性質や、本質的な特徴というニュアンスを持つ。

　「気質」は、英語 temperament の和訳である。心理学的には「刺激

91

に対する感受性や、反応の強さや速さ、その人に固有の気分やテンポなど、個人の情動的反応の特徴」という意味を持つ。遺伝や身体的な要因によって規定されている部分が大きい。

このように見てくると、「人格」すなわちパーソナリティという概念が「人となり」を表す最も幅広い概念であることがわかる。「性格」には、素質、本質という要素が強調される面があり、「気質」はむしろ、遺伝や身体的な要因によるものであり、変化しにくいものだからである。

すると「幼児のパーソナリティ」とは「幼児に関する一人の独立した人間存在としての幅広い特性」と規定できる。そしてそれは、その子の遺伝的身体的要因を土台とし、持ち前の性格を備え、その上で、環境や人間関係によって常に新たに形成されつつあり、発揮されつつあるものであると言える。

2　遺伝と環境

パーソナリティの形成に影響する大きな要因は、遺伝と環境である。現在では、その両者が相互に作用して個々人の「人となり」を形成していると考えられている。

特に、身長や体格、体質などの身体的特性は、遺伝の影響が強い。遺伝的要因であっても、その要因が発現する時期は、その要因や個人によって差異がある。両親ともに長身であっても、思春期頃まではむしろ、背が低い方であることも普通である。遺伝的に感染症に強い体質であっても、身体機能が未熟な幼児期には、感染症にかかりやすいという場合もある。幼児期においては、遺伝的とされる要因についても、成長、変化の途中にあることに留意して捉える必要がある。

幼児のパーソナリティに影響を与える最も大きな環境的要因は、家族である。親の存在、そのパーソナリティや養育態度、親子の人間関係などが大きな影響を及ぼす。そして、兄弟姉妹の存在や、その関係、家庭の経済状況も影響する。

第8章　幼児理解の方法3 ── パーソナリティ

家庭内ばかりでなく、その子が置かれた社会も影響する。幼児を十分に理解するには、どのような特徴を持つ地域で生活しているのかを把握していることが必要となる。その子が通ってくる幼稚園をめぐっても、その保育環境のほか、その幼稚園が家庭や子どもからどのように位置づけられ、どのような役割を果たしているのか、幼稚園での友人同士、親同士の関係などの要因が、幼児の人となりの形成に影響している。

3　パーソナリティ理解の意味と限界

幼児理解とは、「一人の幼児のすべて」を知り尽くすことではない。一人の人間には、絶対に他者に踏み込まれない、個人的で大切な領域がある。それは、幼児であっても同じことである。現実に私たちが向き合う一人の幼児は、独立した人格を持つ生身の人間である。

その上、幼児はまだ、成長の初期の存在であり、身体的にも精神的にも、そして社会的文化的にも、大人とはまったく異なった特性、状況の中にある。言ってみれば一人の幼児は、「一つのオリジナルな宇宙」なのである。そこには、その子だけにとっての意味や価値があり、物語がある。

このような存在である幼児のパーソナリティを理解するためには、よりどころとなる理論的知識を、身につける必要がある。しかしそれは、一個の宇宙とも言える、生きて、変化し続けている生身の人間について、さしあたりの理解を得るための図式である。

第2節　パーソナリティに関する基礎理論

1　体型と気質

クレッチマー（E. Kretschmer, 1888 ～ 1964）は、体型と気質の間に相関関係があることを見出した。

93

細長型の人は「分裂気質」で、内気、神経質、無頓着というような特徴を持つ。肥満体型の人は「循環気質」で、社交的、活発、気分や言動に波があるというような特徴を持つ。筋肉が発達した闘士型の人は「粘着気質」で、真面目で粘り強い、頑固、爆発的に怒ることがある、というような特徴を持つ。

　これに従えば、体つきからその子の遺伝的素質である気質を知るための、ある程度の手がかりを得ることができる。

　例えば、細身の子は、孤独に見えても意外と豊かな内的世界を秘めているかもしれないし、ぽっちゃり型の体型の子は、感情豊かで社交的か、または、かえって他人の気持ちや人目を気にして引っ込み思案である可能性があり、「気分屋」の面もありそうだ。体つきがしっかりして筋力が強い子は、何事にも粘り強くきちんと取り組み、時には激しく主張することがありそうだ。

　ただし、これは成人に関するものであり、幼児にそのまま当てはめることはできない。しかも体型は変化する。これらに注意が必要である。

2　人間のタイプ

　ユング（C.G.Jung, 1875 ～ 1961）は、人にはそれぞれ生まれつき、ほぼ一貫した行動傾向があるとした。

　ユングはまず、人の心的エネルギーが向かう方向として、外界の事物に関心が向かう「外向」と自分の内面の主観的要因に関心が向かう「内向」による「向性」を想定した。人はみな、その「外向－内向」の傾向のバランスの違いによって、それぞれの個性を持つとした。

　またユングは、基本的心理機能として次の4機能を想定した。それは、物事を論理的に捉える「思考」と、物事を道義的感情的に捉える「感情」の軸、身体感覚により現実を把握する「感覚」と、ひらめきにより将来の可能性を知る「直観」の軸による。

　ユングは、この向性と4機能の組み合わせで、8種類の基本的タイプ

第8章　幼児理解の方法3──パーソナリティ

に人間の性格を分類した。しかし、この生まれつきのタイプが現実化するのは、人が一生をかけて取り組む個性化のプロセスによる。幼児のうちには、どの子もその一部が発揮されているに過ぎない。それでも、その子の持ち味としての性格を、理解する手がかりとすることができる。

3　フロイトの性格理論

　フロイト（S. Freud, 1856 ～ 1939）は、生命力（リビドー）が供給される身体部位の年齢による変化と、その時々の環境的要因（体験）が、成人してからの性格に影響するとした。

　出生から 1 歳頃までの口唇期は、口や唇への感覚的刺激や口唇を使う活動が、子どもの精神的成長にとって重要である。幼児期の子どもは、すでに、この時期を過ぎているが、この頃に十分な満足を得られていなかったり、新たに弟や妹が生まれ、親の愛情が奪われそうだと無意識的に感じ取っていたりすると、その子自身の意図とは関係なく、いわゆる「赤ちゃん返り」と言われるような、さまざまな退行行動が起こることもある。

　肛門期は、年少クラスの子が経過したばかり（しつつある）の時期であり、排泄訓練による自己制御と関連する。行動としては、自分でやろうとすること、きちんとすること、正義感や思いやりなどとして表れる。

　次の男根期は、ちょうど幼稚園児が該当する時期である。自分が「男の子である」、「女の子である」ということを強く意識し、表現する。

　このように捉えると、幼児が排泄や性に関する言葉をいたずらとして言う行動などは、幼児にとって大切な性格形成のプロセスでもある。

　無意識的な興味関心に、衝動的につき動かされている面もあるのだと理解しつつ、「なぜ、この子はその言葉や行動を（無意識的に）選んだのか」という点から、その子特有の、今のあり方を把握しようとするのがよい。子どもも、ある程度の節度はもともと理解している。

第3節 遊びや制作活動を通した幼児のパーソナリティ理解

1 遊びや制作活動を通した幼児理解と成長促進

　遊びは、純粋に自発的な活動であり、遊んでいるその瞬間に、人は真の自己と直接つながっている。それは、生きている実感そのものであり、最も健全なあり方をしている瞬間である。遊びそのものに、人を健全にし、育てる力がある。しかし、幼児が園における活動として遊びや制作活動をするとき、「そこに保育者がいる」ということが、大きな意味を持つ。幼児は、自分の遊びを保育者に見てもらい、自分の体験や感情を共有してもらおうとする。そのときの保育者の反応が、幼児の自己評価、客観的な自己理解を生む。

　このように、まるで鏡のような役割を果たす保育者の前で、純粋に自分だけのために遊び、作品をつくっている幼児一人ひとりと世界を共有するようにして、保育者は幼児のパーソナリティを理解してゆくのである。

2 アクスラインの基本原理

　アクスライン（V. M. Axline, 1911 〜 1988）は、遊戯療法を行うセラピストに必要な「8つの基本原理」を示した。ここでは、保育場面における遊びや制作活動における幼児理解のための保育者のかかわり方に置き換えて紹介する。

(1) ラポールを確立する

　「ラポール」とは、心理療法においてセラピストとクライエントが互いに信頼し、安心してコミュニケーションや表現ができる状態のことである。

　保育者は、子どもが安心や親しみを感じられる雰囲気を持ち、信頼できる存在であることが大切である。このような安心と信頼の土台があってこそ、幼児は自分の本当の姿をのびのびと表現できるのである。

（2）子どもをあるがままに受け入れる

「子どもをあるがままに受け入れる」とは、子どもの行いすべてを、是認することではなく、肯定・否定どちらの評価も抜きにして、そのときに子どもが表現している気持や態度について、そのまま受け止めることである。

（3）おおらかな雰囲気をつくる

おおらかな雰囲気は、保育者が子どもに接するときの態度、顔の表情、声の調子、振る舞いなどで生み出される。それは、子どもに対して敬意を持ち、あるがままに受け入れていることを、保育者が積極的に伝えることである。

（4）感情を理解し伝え返す

子どもの遊びは、その子の気持ちを象徴している。保育者は、そこに表現された子どもの気持ちを細やかにくみ取り、適切な言葉で伝え返すように努めるのがよい。すると、子どもは自分でも気づいていなかった自分の気持ちや状態、周囲との関係について、自ら洞察することができる。

（5）子どもに尊敬心を持ち続ける

子どもの成長は、その子が本来持っている力の発現として、その子の内部から生じる。子どもの成長とは、ある種の圧力によって外から引き出すことではない。保育者は、子どもは自分でやれるのだと信じている。そういうふうに、保育者は子どもを尊敬している必要がある。

（6）子どもが先導する

遊びは、子どもの自由に任せる。保育者は、子どもの表現を誘導しようとせず、援助を求められたときには誠実に応じる。一緒に遊ぶ場面でも、子どもが先導し、保育者はそれについて行く。

（7）子どもの成長や関係の発展を急がない

子どもは、自分の気持ちを表現する準備ができたときに表現する。心を閉ざしているように見えるときは、まだ、準備や関係の形成が不十分なのかもしれない。そういうときには、踏み込まず注意深く見守ること

も大事である。人の心は複雑である。子どもの気持ちのすべてがわかるわけではない。

(8) 制限の意義を知っていて約束を守る

制限とは時間や場所についての約束を明確にし、保育者も子どもも共に、それを一貫して守ることであり、物品の破壊、自他に危害を加えることの禁止など、子どもを守るのに必要な常識的な制限をすることである。

制限は、自然かつ誠実になされれば、保育の質を高める大きな効果を発揮する。それは遊びを現実の世界につなぎ止め、遊びにおける空想がもたらすおそれのある誤解や罪の意識、けがや事故を未然に防止することにより、遊びや表現の自由さや奥深さ、力強さを増大させるからである。

第4節　描画や作品を通した幼児のパーソナリティ理解

1　象徴的理解

「象徴」とは、眼前に存在しない、または、直接的具体的に示すことができない事象や概念について、それを最も豊かに正確に代表するイメージのことである。例えば「日本国」そのものを直接的具体的に示すことは不可能だが、日本の天皇が友好的な物腰で外国を訪問すれば、日本国全体の態度として世界に伝わる。それは、天皇が日本国の象徴だからである。

だが、「象徴」と「記号」は区別しなければならない。日の丸を掲げた艦船は、その旗印によって日本の船だと理解される。それは、「日の丸」が「日本国籍」を一対一対応で示す「記号」だからである。しかし、日の丸が外国の街角で人々の手によって燃やされるとき、それは単に記号としての日の丸ではなく、日本国の象徴として、くみ尽くすことのできない意味を背負わされている。それは、その国の人々の、日本国や日本人、あるいは日本製品に対する、単純に言い表すことができないほど根

深く激しい不満や怒りの矛先を、「象徴」として代表していると考えられる。

象徴には、対立する物を結びつける力がある。国際競技で日の丸を見たとき、気持ちが高ぶったり、安心したり、日本人であることを改めて実感したりする。これは、象徴としての「日の丸」の作用である。

このような象徴の作用は、無意識的である。学校の公式行事に日の丸を掲揚させようとする意図は、このような無意識的な水準で日本国民としての一体感を強化させるというところにある。しかし、それは象徴の力の意図的な使用の一例である。

子どもの表現に表れる象徴は、無邪気で純粋である。そのような、無意識的な象徴表現に保育者が気づくことで、その子のパーソナリティをいっそう深く理解することができる。

2　作品理解のポイント

まず、絵画や作品全体から受ける印象は大切である。それは、その作品に込められた（本人も気づかない）内面の状況やその子のパーソナリティ上の特徴、あるいは現在置かれている状況を映し出している。

例えば、幼児が描いた絵が、普段その子が見せている様子と裏腹に暗く重苦しい印象だとしたら、表面的に見せている姿とは異なるその子の別の側面を知る手がかりとなる。

次いで、配置に着目する。絵の中心部は、価値が高い部分である。そこに描かれたものは、その子にとって重要なものだと考えることができる。好きな物、自慢、わかってほしいことなどが描かれているのかもしれないし、ショックだったこと、いやなこと、告発したいことが、本人の意図に反して、描かれているかもしれない。また、中心部はあまりに重要なので、あえて（または意図に反して）大事な物を描けなかったり空白になっていたりもする。

さらに、目立つ部分、不自然な部分に着目する。例えば「お母さんの顔」の絵で、その目だけ異常に大きく描かれていたとしたら、どう考え

たらよいだろうか。いつもしっかり見守ってくれているという信頼だろうか、「見張られている」という息苦しさだろうか。

　もし「私の先生」の絵で、差し伸べられている担任の右手が顔よりも大きく描かれていて、そこに鋭く長い爪が描かれていたら、この子が担任に対してどういう感情を持っていると考えられるだろうか。大きな右手は、親切でいろいろと世話を焼いてくれる担任のイメージだろうか。しかし、大きなとがった爪は、その子を傷つける攻撃性だろうか。厳しくしかられたときの恐怖心だろうか。

　このように、全体的な印象や配置、目立つ箇所、不自然な箇所についてイメージを拡充することにより、幼児の世界の理解、パーソナリティの理解に役立てることができる。

3　子どもと対話すること

　象徴的な意味は、くみ尽くすことのできないものである。したがって、他者が一方的に「解釈」したり「読み解く」ことはできない。本人にとってどのような意図や、意味があるのか、対話して確認しなくては正しく理解したことにならない。

　作者の子に、「何の絵を描いたの」、「何をつくったの」とか、指さしながら「ここについて教えて」などと尋ねて、その子の気持ちや意図を教えてもらうのが良い。その子自身の受け止め方や思いを手がかりとして初めて、作品を通した幼児のパーソナリティ理解が可能となる。

【参考文献】
　日本遊戯療法学会編『遊びからみえる子どものこころ』日本評論社、2014年
　Virginia Mae Axline, PLAY THERAPY, Boston, Houghton Mifflin Co., 1947.
　　（邦訳：アクスライン, V.M. 著、小林治夫訳『遊戯療法』岩崎学術出版社、1972年）

（治田 哲之）

第**9**章

幼児理解の方法4

― 社 会 性 ―

第1節　幼児の社会性の発達

　「社会性」とは、さまざまな定義があるが、その社会の一員になる過程で身につけられていく資質のことであり、特に乳幼児期においては、対人関係やコミュニケーション能力などを指すことが多い［刑部、2000］。

　子どもたちは誕生後からたくさんの人間に囲まれて過ごす。最初は身近な大人や兄弟姉妹だけだったのが、園の先生や友だちに出会い、友だち関係を広げ深めていく。同時に、住んでいる地域のさまざまな人々と触れ合う機会も増える。

　本章では、母子関係・仲間関係・保育者との関係といった乳幼児期に重要となる対人関係に焦点を当て、子どもが相手との関係をどのように構築し変化させていくのかについて見ていく。

101

第2節　愛着の発達 —— 愛着形成が対人関係の土台となる

1　愛着の形成と発達

　「愛着（attachment）」とは、親しみをこめて応じてくれる他者に情緒的な結びつきを持つことをさす。例えば、誕生後半年ほどたつと、母親がトイレに行くだけで赤ちゃんが不安を感じ、後を追い、泣くようになる。母親がトイレから戻った途端に機嫌が直り、母親に抱かれたり、再び遊びはじめたりする。このように「分離不安」を感じるようになるということは、母親との間に愛着が形成されたことを示している。

　誕生後、親との間に徐々に愛着が形成されていく。ボウルビィ（J. Bowlby, 1907〜1990）は、愛着が形成され変化していく様子を発達段階にまとめた（**図表9-1**）。誕生後間もない頃は、愛着の形成がまだ十分ではなく、誰に抱かれても落ち着いた様子を見せることが多い。

　徐々に愛着が形成されていき、生後6ヵ月を過ぎた頃からひとみしりが始まり、特定の他者から離れようとしなくなることが多くなる。この時期は、愛着の対象は子どもにとっての"心の安全基地"として働

図表9-1　愛着の発達的変化

第1段階（誕生〜生後3ヵ月頃）	乳児は、じっと見つめたり、目で追ったりすることで、注意を向けることができる（「定位」という）。また、泣きや微笑、発声によって発信することもできる。この時期の乳児は、親などの特定の人だけでなく、だれにでも定位や発信行動を示す。
第2段階（生後3ヵ月〜6ヵ月頃）	乳児の定位・発信が、特定の人に向けられるようになる。母親などよくかかわる他者ほど、よく見つめ、よく微笑み、よく発声するようになる。
第3段階（生後6ヵ月〜2、3歳）	ひとみしりが始まる。慣れ親しんだ人と、見知らぬ人をはっきり区別し、見知らぬ人への恐れや警戒心が強くなるためである。一方、慣れ親しんだ人への愛着も深まり、母親など愛着対象を安全基地という心の拠点として、探索行動を始める。この安全基地は、子どもの視野内に存在し、不安が生じたときには母親への接近・接触を求めることになる。
第4段階（3歳以降）	母親などの愛着対象が、安全基地としてたえず視野内に存在しなくても、そのイメージは子どもの心に内在化され、情緒的な安定が図れるようになる。

出典：［Bowlby, J.／岡本・菅野・塚田、2004］を基に筆者作成

く。言語能力が発達し、さまざまな人とことばでコミュニケーションを取れるようになる3歳代になると、分離不安を感じることが少なくなり、愛着の対象がすぐそばにいなくても、そのイメージを心に浮かべることで落ち着くことができるようになる。

　愛着の対象は母親であることが多いが、子どもは同時に多重の愛着関係を結ぶ。すなわち、母親だけでなく、父親、祖父母、保育者等、同時に複数の人との間に愛着を形成することができる。愛着の対象となった保育者が保育室を少し離れるだけでも、乳児が分離不安を感じ、泣きはじめることも多くある。

2　愛着関係の発達には個人差があるか

　愛着関係の発達にはいくつかの個人差があることがわかっている。実験的な手法「ストレンジ・シチュエーション法」では、分離不安が示されるか否かによって、愛着が形成されているかを確認できる（**図表9-2**）。エインズワース（M.D.S. Ainsworth, 1913 ～ 1999）らは、ストレンジ・シチュエーション法を用い、子どもの反応が「安定型」「回避型」「アンビバレント型」に分かれることを明らかにした［1978］。

　　①「**安定型**」── 親と離れるときに泣いたりするが、再会時には親を受け入れ、身体接触を求める。このタイプの子どもの親は子どもの要求に対する感受性がよく、子どもの求めに対してタイミングよく答えることができる。

　　②「**回避型**」── 親と離れても、泣いたり混乱したりすることがほとんどなく、再会時には親に近づこうとせず、避けることもある。このタイプの子どもの親は、子どもがかかわりを求めても、適切に応答することがほとんどなく、避けたり拒否したりするような態度を示すことが多い。

　　③「**アンビバレント型**」── 親と離れるときに、非常に強い不安と混乱を示し、再会後は親に対して強い身体接触を求めるが、同時に攻撃性も示し、叩いたり怒ったりする。このタイプの子どもの親はかかわり方に一貫性がなく、子どもの求めに応答するときもしないときもある。

図表9-2 ストレンジ・シチュエーション法の8場面

実験者が母子を室内に案内。母親は子どもを抱いて入室。実験者は母親に、子どもを下ろす位置を指示して退出（30秒）。

母親は椅子に座り、子どもはおもちゃで遊んでいる（3分）。

ストレンジャー（見知らぬ若い女性など）が入室。母親とストレンジャーはそれぞれの椅子に座る。ストレンジャーは、最初は無言、次に母親に話しかけ、最後に少しだけ子どもに働きかける（3分）。

1回目の母子分離。母親は退出。ストレンジャーは遊んでいる子どもにやや近づき、働きかける（3分以下）。

1回目の母子再会。母親が入室。ストレンジャーは退室（3分以下）。

2回目の母子分離。母親も退出。子どもは1人残される（3分以下）。

ストレンジャーが入室。子どもを慰める（3分以下）。

2回目の母子再会。母子が入室し、ストレンジャーは退出（3分）。

出典：[宮崎、2018]（繁多進「愛着の発達―母と子の心の結びつき」大日本図書、1987年に基づき作成）より

　このように、愛着の個人差には、親の感受性や、子どもとのかかわり方が影響を及ぼしている。ふだんから親が子どもの求めに敏感に応答し、かつ、一貫性を持ったかかわりをすることが、安定した愛着の形成には重要である。

第3節　心の理論 ── 他者の"心の状態"を理解する

1　いつごろ他者の心の状態を理解するようになるのか

　子どもたちは、加齢に伴い少しずつ身近な大人以外の他者とも関係づくりをするようになり、幼児期に「心の理論」を発達させていく。

　心の理論とは、他者の意図・知識・信念などの心的状態の理解のことである。例えば、友だちがどのようなつもりでいるのか、何を知っているのか、また、どのように思っているのか、といったことを理解する心の働きのことである。ハインツ・ヴィマーとジョゼフ・パーナーの研究［Wimmer & Perner, 1983］の研究から、3歳では他者の"心の状態"を理解しないが、4歳から6歳にかけて徐々に理解するようになっていき、6歳以上になると理解できるようになることがわかった。

図表9-3　「サリーとアンの課題」

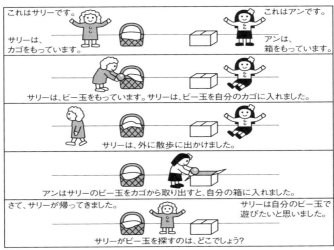

出典：［フリス、冨田・清水・鈴木、1991］を基に筆者作成

例えば、「サリーとアンの課題」と呼ばれる「誤信念課題」(**図表9-3**)がよく知られている。ここでは、サリーが"カゴ"にビー玉を入れるが、サリーが外に散歩に出た間に、アンが"箱"に移し替えてしまう。

　この課題を子どもに見せ、「サリーは外から帰ってきて最初にどこを探すと思うか」と尋ねると、３歳児では「箱の中」と答えるが、６歳以上になると「カゴの中だよ、だって、サリーは箱に移し替えられたことを知らないから」と、サリーの"心の状態"を適切に推測して答えられるようになっていく。

2　いざこざに見られる心の理論

　子どもが他者の心の状態を理解できるか否かによって、「いざこざ」の生じ方も変わってくる。いざこざとは、「子どもたちの間でお互いの意志の食い違いの結果生じるもめごと」のことである。

　３歳児は、いざこざ場面においても相手の気持ちを考慮するということはまだむずかしく、したがって、やりとりも「したい」「いやだ」といった、お互いの気持ちを主張し続けるだけの並行線となることが多い(**図表9-4、事例1**)。５歳児頃になると相手の立場に立ち、相手の気持ちを考えながらやり取りすることができるので、自力でいざこざを解決できることが増えてくる（**同上、事例2**）。

　子どもたちの発達に合わせて、保育者のいざこざへの介入の仕方も変える必要がある。３歳児は、まだ他者の心の状態を理解することが難

図表9-4　３歳児と５歳児の「いざこざ」の例

〔事例1〕"おたがいに譲れないまま……"	〔事例2〕"じょうずに交渉できるよ……"
タケシ「おちゃわん、かして」 ヨウコ「だめ」 タケシ「なんで？　使いたい」 ヨウコ「だめ、かしてあげない」 タケシ「使うの」 ヨウコ「だめ、やだ」	ユウコ「このおちゃわん、かして」 ケイコ「だめ、今使っているから」 ユウコ「少しだけでいいから、かして」 ケイコ「だって、これ、お母さん用なんだもん」 ユウコ「じゃあ、あそこにある白いおちゃわんでいいからかして」 ケイコ「いいよ」

出典：〔倉持、2008〕を基に筆者作成

しいため、保育者は、相手の気持ちや状況を子どもが理解できるように、「泣いている」といった表情に注目するよう促すことが多い。また、保育者が相手の気持ちを汲み取り、それを代わりに伝える必要もある。

一方で、5歳児は他者の心の状態を自分自身の力で推測できるようになっているため、保育者が相手の気持ちや状況を理解するように促す必要はない。そばで見守り、子どもたちだけでいざこざを解消するのが難しいような場合に声をかけるくらいがよいだろう。

いざこざを通じて子どもは、自分と違う主張をする他者がいること、その他者と一緒に遊ぶためには、自分の意見をどのように調整したらよいのか、について学ぶことができる［倉持、2008］。いざこざは、子どもにとって大事な経験の一つである。

第4節　自己調整機能の発達 ──自分をコントロールする力

1　自己主張と自己抑制の発達

子どもが社会の中で生活していくために、自分自身の行動や感情をコントロールすることは重要である。自分の気持ちや行動を適切に表現したり、我慢したりすることを「自己調整機能」と言う。自己調整機能には、「自己主張」と「自己抑制」の二つの側面がある［柏木、1988］。

自己主張とは、自分の意志や欲求を明確に持ち、他人や集団の前で表現・主張する側面である。例えば、自分のしたいこと・したくないことをはっきりと伝える、自分の遊びたい遊びに友だちを誘える、といったことである。

自己抑制とは、自分の欲求・衝動をそのまま発言してはいけない場面、抑制すべき状況に置かれたとき、それを抑制・制止する側面である。例えば、嫌なことがあっても感情を爆発させたりしない、してはいけないことは我慢する、といったことである。

自己主張と自己抑制の力の発達は、少し異なる様相を示す。自己主張の側面は、3歳頃までに急激に発達し、その後、時折衰退しながらも一定のレベルを保つ。一方、自己抑制の側面は、3歳から7歳にかけて徐々に発達し続ける。

2　集団生活の中での自己調整機能の発達

　自己調整機能は、集団生活の中でさまざまに発揮される。幼稚園の園児を観察した、集団生活における自己主張と自己抑制の発揮の様子についての研究がある［鈴木、2006］。その事例を見ると、3歳児の自己主張は非常にシンプルであり、「したい」「やりたくない」といったことを直接的に表すことが多いことがうかがえる。一方で、自己抑制の力が十分発達しておらず、自分の気持ちのおもむくままに行動し、結果として集団行動がとれない場合が多くある。

　4歳児では、徐々に相手との関係性を考慮するような言葉が聞こえはじめ、年下の子どもに対しての気遣いから、あえて自己主張を控える姿も見られるようになってくる。

　5歳児になると、友だちとの関係性の長期的な展望に基づいて自己主張すべきなのか否かを判断し、その場の欲求を抑制して自己主張を控えるという場面が増えてくるようである。

　これらのことから、4〜5歳になると、自己主張の力が育っていないために自分の意見を主張しないわけではなく、「年下の子には優しくしなければならない」といった意識や、「お友だちとずっと仲良くしていたい」といった気持ちから、あえて自己主張するのを控えることが多くなることがわかる。

第5節　協同的な活動── 幼児期における芽生えと育ち

　幼児期の終わり頃になると、園生活の中で「協同的な活動」が可能に

なってくる。協同的な活動とは、子どもたちが、あるグループ活動の中で目的を見出し、それに向けて実現していくことであり、そのプロセスを通して、子どもが工夫や協力の仕方を学んでいくことである。協同的な活動の事例としては、こま回しのサーキット場を子どもたちが協力し合って主体的に作り上げるような活動［有持、1999］、生活発表会のための劇遊びなどさまざまなものが挙げられる。

協同的な活動は幼児教育の中でもレベルが高いものになるため、５歳後半頃に目指すべき活動になるが、必要とされる力は幼児期に芽生え、育っていく。全国国立大学付属幼稚園部会［2010］では、協同して遊ぶようになる過程を３期に分けて示している。

まず、３歳児で入園してから、少しずつ周囲の子どもや大人と人間関係が形成されてゆき（第１期）、４歳後半から５歳前半にかけて遊びが充実し、自己を発揮するようになる（第２期）。そして、５歳後半頃になると人間関係が深まり、協同して遊ぶことが可能になっていく（第３期）。

保育者は、協同的な活動においてどのような役割を果たす必要があるのだろうか。お化け屋敷作りを例にした、以下のような発言がある。

> 「『みんな何したい？』と聞いて、お化け屋敷を作ることに決まり、『じゃ、頑張っていいのを作ろうね』となります。（中略）そこでは保育者がいちいち細かい仕切りはしませんが、子どもたちが話し合ってなんとなくやっている中で、自然と役割が生まれてくるわけです。（中略）それは単に動作として違うからではなくて、人間関係としての役割が違います。［無藤、2009］

保育者が仕切るのではなく、子どもたちと一緒になって話し合い、遊びを作っていく立場をとることが大事であることがわかるであろう。

保育者に見守られながら、子どもたちは遊びの中で協同性を身につけていき、小学校へと入学し新たな人間関係を再構築していくのである。

【参考文献】

有持信子「協同」、無藤隆編『新幼稚園教育要領ポイントと教育活動——幼稚園』
　　東洋館出版社、1999年、pp.104-109.

ウタ・フリス著、冨田真紀・清水康夫・鈴木玲子訳『自閉症の謎を解き明かす』
　　東京書籍、1991年（新訂版2009年）

柏木惠子『幼児期における「自己」の発達——行動の自己制御機能を中心に』
　　東京大学出版会、1988年

倉持清美「いざこざをどうやって解決するか」内田伸子編『よくわかる乳幼児心
　　理学』ミネルヴァ書房、2008年、p.146.

岡本依子・菅野幸恵・塚田 - 城みちる『エピソードで学ぶ乳幼児の発達心理学——
　　関係のなかでそだつ子どもたち』新曜社、2004年

刑部育子「社会性」森上史朗・柏女霊峰編『保育用語辞典〔第7版〕』ミネルヴァ書房、
　　2000年、p.312.

鈴木亜由美「幼児の日常場面に見られる自己調整機能の発達——エピソードからの
　　考察」『京都大学大学院教育学研究科紀要』2006年、pp.373-385.

全国国立大学付属幼稚園部会『協同して遊ぶことに関する指導の在り方——文部科
　　学省委託幼児教育の改善・充実調査研究事業への取り組みから』全国国立大学付
　　属学校連盟幼稚園部会、2010年

宮崎隆穂「愛着関係の形成と発達」谷田貝公昭・石橋哲成監修、西方毅・福田真
　　奈編『新版 保育の心理学Ⅰ』一藝社、2018年

無藤隆『幼児教育の原則』ミネルヴァ書房、2009年

渡辺弥生・伊藤順子・杉村伸一郎編『原著で学ぶ社会性の発達』ナカニシヤ出版、
　　2008年

Ainsworth, M.D.S., Blehar, M.C., Waters, E., Wall, S.N. "Patterns of Attachment :
　　A Psychological Study of the Strange Situation", 1978.

Wimmer, H. & Perner, J. "Beliefs about beliefs: Representation and constraining
　　function of wrong beliefs in young children' s understanding of deception"
　　Cognition, 13, 103-128, 1983.

（細野 美幸）

第 **10** 章

具体的な幼児の捉え方

―保育カンファレンス―

第1節　保育カンファレンスと幼児理解

1　保育カンファレンスとは

　保育カンファレンスとは、現職の保育者が保育の事例の検討を他者と共に行うものである。「（保育後の）話し合い」や「事例検討会」とも呼ばれており［木全、2008］、園内研修のうちのひとつである。

　園児1名の検討もあれば、複数名の検討もある。例えば、5歳児全体の検討などもある。また、テーマも「気になる行動」であったり、「遊び」であったりする。このように内容は「誰のどんなことを検討するか」という目的によってさまざまである。

　保育カンファレンスでは、事例に関する話し合いを通して、今後の援助を考えていくのである。その過程で、日頃の援助を振り返り、あらた

111

めて幼児を理解しようとするところに重要な意味がある。

〔保育カンファレンスの歴史〕
　「カンファレンス」とは、元々、医学や臨床心理学の分野で行われていたもので、医師や看護師、ケースワーカーなどの専門職が臨床事例に基づいてそれぞれの判断を出して検討し合い、より適切な診断を求めていくものであった。この専門性を高めるやり方が後に保育現場に応用され「保育カンファレンス」となっている。　　　　　　　　　　〔森上、1996〕

2　保育カンファレンスの構成

　保育カンファレンスの構成について、以下の**図表10-1**にまとめた。この表からも分かる通り、保育カンファレンスの構成に明確な決まりはなく、むしろ、目的や状況に応じて変えていくあり方が重要だと言える。筆者がとくに強調したいのは、状況に応じて変えていくあり方である。

図表10-1　保育カンファレンスの構成

形　態	・保育者同士で行われるほか、外部の専門家を含めて行われるものもある。 ・集団で行われることが多いが、１対１（主に外部の専門家と保育者）で行われるものもある。
役　割	・話題提供者（事例発表者）、進行係（司会）のほか、記録係（書記）がいる場合がある。
所要時間	・目的や開催状況などによりさまざま。
その他	・話題提供者は、参加者に事例が伝わるよう、事前に資料を準備することがある。資料は記録のほか、ビデオが用いられることもある。 ・話題提供者は必ず一人というわけではなく、複数の場合もある。 ・日時、場所、会場の環境構成においては、実施や話し合いのしやすさを重視する。

出典：〔木全(2008)、森崎(2012)、宍戸(2013)〕を参考に筆者作成

目的を目指すのはもちろんだが、保育カンファレンスは幼児を理解する上で実践を「振り返る」貴重な機会となるため、実施できたこと自体が大きな意味を持つ。

目的に合うように構成を整えようとし過ぎると、日々の業務の忙しさなどから、「全員が集まれないのでできない」「まとまった時間がとれないのでできない」と、なりがちである。

写真10-1　保育カンファレンスの様子(N園)

完全形ではなくとも、実施すればその時間が振り返りとなる。資料をつくった話題提供者は、その資料作成を通して日頃の実践の振り返りとなり、幼児への理解が進む。実施を積み重ね、幼児への理解が深まっていくと、保育カンファレンスに参加する動機づけが上がり、工夫をして時間をつくったり、集まるようになることも考えられる。よって、完璧を求め過ぎず、実施が継続できるよう、現場の状況に応じて構成を考えていくことが「幼児理解の積み重ね」としても重要である。

写真10-1は、筆者も参加することがあるN園の保育カンファレンスの様子である。先生方がいちばん集まりやすい園の中央にある遊戯室で、お茶やコーヒーを飲みながら実施している。

「集まりやすい」というのは実施のしやすさへの工夫であるし、開放的で自由な感じがする遊戯室で、飲み物を飲みながら行うことは、リラックス感や話しやすさに通じる工夫であろう。

3　保育カンファレンスの進め方

例えば、次の**図表10-2**のように、保育カンファレンスは進められる。

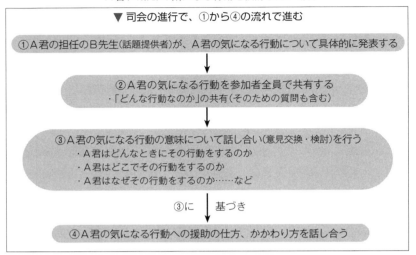

図表10-2 保育カンファレンスの進め方（例）
── A君(4歳児)の気になる行動を検討したい場合 ──

出典：[木全(2008)、森崎(2012)、宍戸(2013)] を参考に筆者作成

4 なぜ、幼児理解に保育カンファレンスなのか

　図表10-2でいうと、③がA君の（気になる行動の）理解を目的とした話し合いとなる。この理解に基づいて、④の援助の仕方、かかわり方を検討することになる。つまり、援助の仕方、かかわり方は、A君の行動をどう理解するかに基づいて決められていく。このことは、A君の行動への理解が変われば、援助の仕方、かかわり方も変わる可能性があることを意味している。幼児にかかわるとき、まず「幼児をどう理解するか」が、なぜ重要なのか、分かっていただけるだろう。

　保育カンファレンスは具体的な事例を扱い、話し合いを通して具体的な行動や場面の検討ができるので、具体的な幼児理解をしやすい構造がある。

第10章　具体的な幼児の捉え方 ── 保育カンファレンス

　それでは、この具体的に幼児を理解しようとすることが、どういう過程でどのように進むものなのか、③の場面を、次の節で詳しくみてみることにしよう。

第2節　保育カンファレンスでの幼児理解

1　保育カンファレンスはどんな体験か

　前の節で掲げた**図表10-2**の③「A君の気になる行動の意味についての話し合い」の例（一部抜粋）を下に記した。
　A君の気になる行動が、「教室内で活動しているときに、廊下に出ていく」場合であったときの話し合いである。なお、下記に登場する先生の全員が、担任のB先生の同僚であり、A君の担任ではないとする。

〔話し合いの事例〕

司　会　「A君が活動時に廊下に出ていくのって、なぜだろうね？」

C先生　「クラスで製作をしていたときに廊下に出ていったということだけど、製作が嫌いで、したくなくて出ていった可能性は？」

D先生　「ここ最近、３歳児がプールへの移動で、ちょうど活動中に廊下を通るのよね。廊下を通った３歳児が気になったとかは？　ほかに日頃、廊下に気が引かれることはあるの？」

E先生　「A君が廊下に出たときって、B先生の方は見た？　A君って甘えん坊のところもあるし、注目を引いて先生に追いかけて来てほしいのよ。先生とかかわりたいんだと思うよ」

F先生　「先生方の話を聞いて、担任のB先生はどう思いますか？」

　この保育カンファレンス（**図表10-2**の③の場面の一部抜粋）を通して、B先生が体験したことを、B先生の視点で書いた例が、次の文章である。

115

〔B先生の視点で書いた文章〕

　B先生は、話し合いの参加者の先生方から意見をもらい、多くのことを感じたり、思ったり、考えたりした。

　B先生は、A君のこの行動について、「先生の注目を引きたくて廊下に出ていく」と思っていた。理由はE先生の意見と同じで、**A君には少し甘えん坊のところがある**①ので、先生とかかわりたくて、注目を引き、わざと廊下に出るのだと思っていた。自信のない思いであったが、E先生から同様な意見を聞いたことで、自分の幼児理解の仕方はE先生もしている理解の仕方だったことを知った。このことは**自分の幼児の見方や理解が、少なくとも「独りよがりではない」ものとして、B先生には感じられた**②。また、「私のこの理解の仕方も『あり』なのだ」と、B先生には思え、自分の幼児の見方や理解の仕方に、少し自信がもてた体験であった。

　しかし、それだけでなく、はっとする体験もした。それは、B先生ひとりでは気づかなかったことを、他の先生方と話し合う中で気づいた体験であった。

　C先生が言った「A君は製作が嫌い」というのは、**確かにA君の様子としてあると思った**③のだ。活動内容と廊下に出ていく関連は、後で思えば検討すべきことだが、不思議なもので、**違う理由（A君が注目を引きたい）を思っていると、他の可能性を思いにくい**④ものだと、B先生は感じた。C先生の意見をきっかけとして、製作以外の活動のときはどうだったかを、あらためてB先生は考えた。振り返れば、**A君は他の活動と比べ、製作のときに、座っていられず立ち上がることが多かった**⑤。

　また、D先生が言った意見について、B先生は最初、「それもあるかな」と感じてはいた。**日頃、A君は廊下に見えたものをじいっと見ていたり、気になるとそこへ行ったりすることがあった**⑥からである。しかし、最近の様子を振り返ると「そうでもないな」とB先生は思った。ここ最近、3歳児のプール遊びは毎日であり、3歳児がクラス前の廊下を通っても、A君が廊下に出ない日はそれなりにあったことをB先生は覚えていた。よって、このことが直接の理由とは考えにくいというのがB先生の捉え方であった。

　以上のように、先生方との話し合いをもとに、B先生はA君の行動をあらためて理解しようといろいろ考えた。そして、しばらくすると、**ある考えがB先生にわいてきた。それは、C先生、D先生が言った意見を合わせた捉え方であった。製作の活動時にA君は席を立ちやすく、席を立った状態で廊下に目がひかれるものがあると廊下に出やすいのではないか、というものだ**⑦。

（↓続く）

第10章　具体的な幼児の捉え方 ── 保育カンファレンス

（↓続き）
　これもあくまで可能性だが、「注目を引きたい」という仮説に基づく現行のかかわりでA君の行動が改善されていないので、この新たな理解に基づくかかわり方を、B先生は検討しようと思うのだった。

2　保育カンファレンスがもたらす幼児理解

　《B先生の視点で書いた文章》を例に挙げながら、担任の保育者にとって、保育カンファレンスを通してもたらされた体験が、どのようなものであったか、幼児理解という観点で、以下にまとめた。

（1）　幼児理解の客観性が増す

　保育カンファレンスの場では、幼児の行動やその意味について、自分なりの理解を他者に言うこと自体が、「他者からみてどうか」ということを確認する作業に通じていく。検討の中では、他者から見た理解も保育者は聞き、考えることになるので、このことだけでも、自分の幼児理解の点検になる。

　前ページで紹介したように、A君のクラス担任であるB先生は、A君との接触頻度も多く、確かに他の先生よりもA君のことを理解しているかもしれない。しかし、**太字部分④**のように、自分の思いをもつと他の可能性を考えにくいことも起きる。また、B先生はA君のクラス担任という、他の先生より「近い距離感」の中でA君とかかわっているため、その中で感じにくくなっている点や、見えにくくなっていることもあるかもしれない。

　自分が主観的に感じたことも大切であるが、それが自分だけの狭い理解に陥っていないかどうかは、他者に確認してみないとわからない。例えば、B先生が**太字部分②**で、自分の幼児の見方や理解が「独りよがりではない」と感じられたのは、保育カンファレンスで他の先生の話を聞くことができた体験がもとになっている。

117

特に、A君の行動の理由を、自分と同じように捉えていたE先生の話を聞けたことが大きい。

保育カンファレンスでは、専門的な知識、経験をもつ保育者等の他者の目を通すことで、自分だけの理解ではない、より客観性を増した幼児理解ができる構造がある。

(2)　多面的な視点での幼児理解が進む

保育カンファレンスでは、自分が気づかなかった視点の理解が、他者との話し合いを通じてもたらされることがある。

B先生においては、**太字部分③**、**太字部分⑤**がそうである。B先生は、担任ではない他の先生の意見を聞くことによって、自分と違う立場からの見方や、自分が思いつかなかった理解を得ることができたのである。日頃、思いつきそうなことであっても、めまぐるしく進む保育の中では思いつかないままのことも多い。

また、**太字部分④**のように、自分が思っていることに縛られ、他の可能性を思いにくいこともある。保育カンファレンスでは、「立ち止まり振り返る」なかで「他者の意見を聞く」ので、自分が日頃、気づかなかった視点に着目しやすいのである。

このように、幼児を理解する上で多面的な視点があることに気づきやすい構造が保育カンファレンスにはある。

(3)　幼児理解の再構成——より深い理解へ

一連の保育カンファレンスの体験を通じて、保育者には「振り返り考える」ことが起きる。当初自分が思っていた幼児への理解に、他者が思う意見や理解が加わり、再度、幼児をどう理解したらいいか、考えることが起きる。その結果、幼児への理解が再構成されていく。

例えば、**太字部分⑦**がそれである。**太字部分⑦**は、B先生の捉え方（**太字部分⑥**など）をもとにしながら、A君の様子とC先生、D先生の意見を照らし合わせ、振り返り考えた結果、B先生が再構成したA君の理解である。

他者の視点がただ入るだけでなく、自分が考えているＡ君の理解や日頃のＡ君の様子をもとに他者の理解が検討され、最後は新たな自分の理解として再構成している点でより深い理解となっている。

人の行動は一つの理由だけで起きないこともあり、特に園の環境は視覚、聴覚その他、多くの刺激があるともいえる。**太字部分⑦**では、廊下に出ていくＡ君の行動を一つだけの理由としないで、二つの側面から理解しようとしている（製作が嫌いで席を立つことと、席を立つと廊下に目がひかれやすいこと）。保育カンファレンスを通して理解が再構成されて深まると、このような柔軟な理解もうまれやすい。

最後に、この幼児理解の再構成は、常に暫定的なものであることに留意したい。発達、環境、その他、幼児の状態や状況が変われば、そのときの幼児をどう理解するかも変わりうる。また厳密には、どんな幼児も他者である以上、完全には理解できない。

重要なことは、幼児をわかろうとすることと、理解を決めつけず、幼児の状態や状況によって幼児理解を再構成し、更新していくことだと思われる。保育カンファレンスは、その場と機会を提供するものである。

（4）　その他──考えることがもたらす理解

いま述べてきた（1）（2）（3）以外でも、他者との話し合いの中や後で、「考える」ことを通じてもたらされる理解として、以下のことを挙げておく。

①発達への理解

視覚刺激（廊下に見えたもの）が気になりがちな発達段階のＡ君という理解（**太字部分⑥**）。製作が嫌いなＡ君（**太字部分③**）の様子から、手の運動（微細運動）の発達や製作手順の理解度を考えた場合の理解など。

②保護者への理解

Ａ君の甘えのメッセージ（**太字部分①**）を検討する中で、家族状況や保護者が日頃、Ａ君とどうかかわっているかを考えた場合の理解など。

3 理解を広げていくために——意見や思いの違いを認める

　保育カンファレンスでは、実際の事例を保育者間で共有することになる。実施により、さらに幼児理解をしやすい園内環境となることも想定される。**図表10-2**(114ページ)の例でいえば、A君の気になる行動について、B先生だけでなく、参加した「他の先生もわかっている」状況となったわけである。この「共有」により、B先生からも他の先生からも、A君について気づいたことを互いに前より言える方向性がうまれる。よって、保育カンファレンス後も、保育者同士でA君への理解が進む可能性がある。

　最後に、そうなるための重要な基本は、1回1回の保育カンファレンスの過程にあるということに戻りたい。まず、「話し合い」が起きなければ理解が深まりにくいので、第一に話しやすくする工夫が重要である。

　次に、意見が多く出ると、多様な視点での理解が可能になる反面、意見の衝突も起きやすくなる。場の雰囲気の悪化や、話が出なくなることを避けるために、「意見や思いの違いを認めること」を大切にしたい。

　幼児理解のためにも「保育者の思い」を理解したい。難しいことであるが、その思いや理由を聞いていくと、「そう思うなら、その意見になるのはわかる」と、理解できる場合も多い。「意見は違うが理解はできる」ということから幼児理解は深まり広がる可能性がある。このことが他者を通して幼児を理解していく保育カンファレンスの本質ではなかろうか。

【引用・参考文献】
　木全晃子「実践者による保育カンファレンスの再考——保育カンファレンスの位置づけと共に深まる実践者の省察」『人間文化創成科学論叢』第11巻、2008年、pp.277-287
　宍戸良子「保育者間の協働」林邦雄・谷田貝公昭監修、谷田貝公昭・高橋弥生編著『新版保育者論』一藝社、2013年
　森上史朗「カンファレンスによって保育をひらく」『発達』第68号、ミネルヴァ書房、1996年、pp.1-4
　森崎照子『磨き耕す保育者のまなざし——学童保育カンファレンス』かもがわ出版、2012年

（稲場　健）

第**11**章

個と集団の
力動的関係の捉え方
―個性と道徳性―

第**1**節　**子どもの個性と道徳性**

1　個性とは何だろう

　ヒトの赤ん坊は、生まれたばかりのときは首もすわらず、座ることも立って歩くこともできないし、言葉もしゃべれない。おなかがすいた、おむつが汚れた、痛いところがある、などというときは、もっぱら泣いて知らせる。

　大人がそれに応じて、赤ん坊の要求を満たしてやるうちに、大人は「赤ちゃんの泣き方や声で、要求していることがわかる」ようになってくる。そして、すぐ泣く赤ちゃん、めったに泣かない赤ちゃん、大人がそばに来てくれればすぐ泣き止む赤ちゃん、抱っこしてもらってもなかなか泣き止まない赤ちゃん等々、彼らはすでに「個性」を表している。

121

1歳半を過ぎると、言葉では十分に言えないにしても、声を出したり単語を並べたり、泣いたり大人の手を引っ張ったりして、自分のしたいことや気持ちを伝えるようになる。3歳くらいになると、母語の文法を身に着け、語彙も増えて、大人と対等に話すようになり、要求や気持ちを言葉で言い表す子が増える。しかし、中にはなかなか言葉で伝えない、伝えられない子もいる。これらは「個人差」と言ってもいいのかもしれないが、「個性の強い子だ」などと、「個性」という言葉がよく使われる。

　それでは「個性」とは何だろう。『広辞苑〔第7版〕』（新村出編、岩波書店、2017年）を見ると「①個人に其わり、他の人とはちがう、その個人にしかない性格・性質」とある。『教育心理学辞典』（辰野千寿他編、教育出版、1986年）には、「個人を他者から区別しているその個人の独特な性質」と書いてある。個性とはその子その子によって違う、特有の性格や性質を指す言葉である。個性は子どもの外見を見ただけではわからない。その子の行動によって見えてくる。

　先に述べたように、生まれたばかりの赤ちゃんでも、泣き方や声の出し方、授乳中やおむつを替えてもらったときに見せる表情の変化など、一人ひとりその行動が違う。人見知りがはっきりしている子も、あまり人見知りをしない子もいる。おもちゃで遊んでいて、友だちにそのおもちゃを取られたとき、すぐに取り返しに行く子も、黙ってほかのおもちゃで遊びはじめる子もいる。園などで散歩に行くとき、目指す友だちと手をつなげなくても、他の友だちと手をつないで行く子も、「○○ちゃんとつなぎたかった！」と大きな声を出したり泣いたりして抵抗する子もいる。これらを見て、かかわる保育者は「この子は自我が強い」とか「あまり自己主張しない子だ」などと言う。

　何が好きか嫌いか、何色の服を着たがるか、どんなおもちゃを選ぶか、どこへ行きたがるか、といったことは、その子の自我の表れである。

　「自我」とは、『広辞苑』によれば、「①認識・感情・意志・行為の主体としての私を外界の対象や他人と区別していう語」であり、『教育心

理学辞典』によれば、「①認識し、試行し、欲し、努力し、行動する人の中核的機能の主体」である。自我の発揮の仕方が、その子の個性を決めている。個性とは、自我の表れ方と言うこともできよう。

2　個性のぶつかり合いから道徳性の芽生えへ

家の中で子どもが一人だけで両親らと生活しているときは、すべてのおもちゃがその子のものだし、すべての場所がその子のものである。

ところが、公園や児童館などの遊び場に行って、他の子どもと出会うと、子どもは自分の思い通りに事が運ばなくなることを知る。赤い車を独占しようとしても、他の子が赤い車を使おうとすれば譲らなくてはならない。真ん中の席に座ろうとしても、他の子がすでに座っていたり、後から来た子が横入りしたりして、自分の好きなところに座れない。

自我のぶつかり合い、個性のぶつかり合いが始まる。しかし、けんかばかりしていたのでは、いつまでも座れないし、おもちゃ遊びも面白くない。子どもは、自分以外の子どもと出会うことによって、自分と同じことをしたい子が他にもいることを知り、大人からの援助を受けて譲り合ったり、一緒に遊んだりすることを学ぶ。

これは、子どもたちが集団で快適に過ごすためのルールであり、それを「道徳性」と言っている。文部科学省は、「他者や社会と調和した形で自分の個性を発揮できるようになること」[文部科学省、2001]を道徳性の発達としている。そして、道徳性の発達のためには、他者と調和しながら自分なりの目標を持ってよりよく生きていこうとする気持ちや、他者の欲求や感情に共感する力や、自らの欲求・行動を自ら調整する力が必要であるとしている。

3　道徳性とは何だろう

神長美津子は、幼児期に育てたい道徳性の芽生えとして、次のような項目を挙げている[神長、2004]。

①自分の生きていく世界には、よいことや悪いことがあることに気付き、考えながら行動しようとする。
②友だちとのかかわりを深め、思いやりの気持ちをもつようになる。
③友だちと楽しく生活する中で、きまりの大切さに気付き、守ろうとする。
④身近な動物に親しみをもって接し、生命の尊さに気付き、いたわったり大切にしたりする。

　これらはすべて、2017（平成29）年告示、翌年施行の幼稚園教育要領の5領域の「人間関係」の内容と「環境」の内容に、入れられている［文部科学省、2017］。同じく2017年告示、翌年施行の保育所保育指針の「保育の内容」においても、5領域の中の「人間関係」と「環境」の内容として上記の4項目がすべて入っている［厚生労働省、2017］。
　幼児期に子どもたちが身につけることを期待される道徳性とは、以下のようなことであろう。

　　A.物事の善悪を知ること
　　B.思いやりの気持ちをもつこと
　　C.集団生活の中での決まりを守ろうとすること
　　D.身近な動植物に触れることを通して、生命の大切さに気づくこと

　AとB、あるいはDは家庭でも育つが、Cについては集団が必要である。子どもたちの多くが、園などで過ごす今日では、これらを育てることが保育者に求められている。
　神長は「幼児の場合、保育者から受け入れられ、自分が発揮されている中で、思いやりの気持ちを持つようになる。この意味では、保育者自身が、幼児一人ひとりを大切にし、思いやりのある行動をとるモデルとなることはもちろん（以下略）」であると述べている［前掲書、p.9］。
　一人ひとりの子どもを大切にし、子どもに対して、また大人同士でも思いやりの気持ちを持ち、それを行動に表すこと、つまり道徳性を身を持って示すことも、保育者に要求される専門性のひとつである。

4 　決まりを守ること（規範意識）はどこからくるのか

　集団の中で自分以外の人々と仲よく平和に穏やかに暮らしていくためには、その集団の決めたルール（決まり）に従う必要がある。ルールを守ろうとする意識は「規範意識」と呼ばれるが、それはどこからくるのだろうか。

　一つの答えは、人間は一人では、移動も、まして食べ物を獲ることもできない未熟な状態で生まれてくることにあると思われる。草原で生まれるシマウマの子は、ライオンに襲われたら、生まれたばかりでも母親と一緒に走って逃げることができるし、森林で生まれるチンパンジーの子は、すぐに母親の胸にしがみつくことができるので落ちることなく木から木への移動ができる。

　ところが、生物の中で最も進化しているはずの人間の赤ちゃんは、周囲にいる母親をはじめとする大人たち、つまり社会が保護し、お乳を与えなければまもなく死んでしまう。スイスの生物学者ポルトマン（A.Portmann, 1897～1982）は、このことを取り上げて人間は「1年間の生理的早産」であるとした［ポルトマン、1961］。40週間母親の胎内にいて生まれてくる人間の子どもは、立って歩いて、手で道具を扱って、言葉を操るという人間の特徴を備えるまでに1年半以上も要する。しかし、人間の胎盤は2年間も胎児を保つことができないので、未熟なまま赤ちゃんは生まれてしまうというのである。

　乳幼児に関する発達心理学が進んで、何もできない「能無し」に見える人間の赤ちゃんも、早くから母親の顔を識別したり形を見分けたりすることができることがわかってきたが、それでも、養育者たちの手厚い保護と世話を必要としていることに変わりはない。社会の中にあって初めて生き延びることができ、育つことができるということは、人間は社会的な動物として生まれてくるのだということを意味している。

　そのように考えると、社会に適応して生きるための手段として、規範

意識は私たち人間が生まれながらにもっている能力の一つであると言えないだろうか。

　子どもにとって最初の社会（集団）は、通常は家族である。成長するにしたがって保育園や幼稚園や地域など、社会は大きくなる。子どもはそれらの集団の規範を何年もかけて習得していくが、規範を守ろうとする意識は子どもの中にある。その意識を尊重しながら規範を教えていくのが社会の役目であると言えよう。

第2節　道徳性の発達

1　認知発達と道徳性

　赤ちゃんは生後1年間くらいは自分の欲求のまま生きることができる。おなかが空いたら、泣けば母乳やミルクをもらえる。おむつが汚れて気持ちが悪ければ、泣くとお母さんをはじめ保育者がおむつを替えてくれる。

　しかし、月齢が進んで、自力で移動ができ、手や指が使えるようになると、子どものしたいことは、ともすると大人に阻まれる。タンスの引き出しを開けて中のモノを外に放り投げるのは面白いが、お母さんに止められてしまう。ティッシュボックスの中身を次々取り出すのは楽しいが、気づいた大人に止められる。年齢が進んでくるほど、子どもができることが増えるほど、自分のしたいことと周りとの折り合いをつけなければならなくなる。

　周囲の人々と折り合いをつける力は、子どもの認知発達や言語発達と密接にかかわっている。言葉の分からない赤ちゃんに、「落ちたらけがをするから、ベッドの縁には近寄らないでね。立っちゃだめよ」などと言い聞かせたところで、効果はない。「トイレットペーパーは1回分ずつ切って使おうね」と言ったところで、1歳児には理解できないので、グルグル回るのが面白くて引っ張り続ける。使っていたおもちゃを取ら

れたら、相手の手にかみついて取り返す。禁止されて分かる（次からそれをしなくなる）のは10ヵ月ごろからであり、大人は叱ったり褒めたりしながら、してよいことと悪いことをひとつひとつ、子どもに教えていく。

　1歳半を超えると、「発達の節目」を越え、安定した二足歩行ができるようになり、手指でスプーンをはじめとする道具を扱えるようになる。そして言葉の理解が進み、発語が増える。してよいことと悪いことの区別もできるようになってくる。同時に自分のしたいことがはっきりしてきて、自我が明確になり、さかんに他者とぶつかるようになる。

　2歳児の時期は、家庭でも保育所でも、「イヤイヤ期」「だだこね期」といって、子どもの扱いに困る時期である。「この赤い服を着なさい」と出しておいても「黄色いシャツがいい」と言って、赤い服を放り投げる。「お出かけするから、おもちゃをしまってね」と言われても、「ヤダ」と言ってさらに散らかす。

　それが3歳を過ぎ、4歳を迎えると、「いやだけど、お母さんに言われたから片付ける」ようになるし、「まだブランコに乗っていたいけど、順番だから10数えてお友だちに代わってあげる」ようになる。「○○する」一方だったのが、「○○だけど、△△だから、……する」という認識のし方ができるようになっている。年中組の秋を過ぎれば、子どもたちが「聞き分けがよくなる」こと、「扱いやすい」子になることを、現場では実感している。

　このように4歳児時期以降、自分で自分の欲求（自我）をコントロールできるようになると、規範意識が強くなり、仲間でルールを決めることができるようになるし、自分たちで決めたルールは、大人から与えられたルールよりもしっかり守ろうとする。年少組から年中組に進級すると、自らのクラスのルールに従うことを意識し、ルールからはずれる子を気にするようになる。年少組以下の小さいクラスの子どもたちを見て、世話をしようとしたり、手を引いてあげようとしたりするのもこの頃らである。

このように、年齢が上がるにつれ、認知能力が高くなり、それにしたがって道徳性もより高度になっていく。道徳性の教育・保育は、子どもの発達を無視しては進められない。

2　道徳性を育てる集団の場

　子どもたちは３歳を迎えると、家庭にいた子は、幼稚園をはじめとする集団に入る。保育所などで３歳の誕生日を迎えた子たちも、４月からは幼児組として、新たな一歩を踏み出す。2016年時点で、全国の３歳児の93.2％が幼稚園や保育所などの保育施設に在籍している。４歳児以上に限ると、ほぼ100％が保育施設にいる（『保育白書』2017年版）。

　50年くらい前までの日本では、子どもたちは地域の大人や青年たちや年長の子どもたちに見守られ、遊んでもらい、生活の知恵やルールを教えられた。外へ出れば同じ年齢の子どもたちが大勢いて、一緒に遊んだり競争したりすることができた。ことさら幼稚園や保育所に行かなくても、地域にいれば子どもの集団があった。その社会的環境は、1960年代の高度経済成長期から急速に失われる。子どもたちの遊び場は道路やビルになり、地域にいた大人たちは仕事場に入り、年上の仲間は学校生活と勉強に手いっぱいで、小さい子たちと遊ぶ暇はなくなった。

　田中浩司は、子どもの遊び相手が、異年齢の仲間からきょうだいや同年齢の子どもに変わり、遊び場所が、原っぱや林など自然の場所から自宅に変わっていることを紹介している。そして、「幼児期の子どもたちが集団遊びを経験する上で、保育・幼児教育の場がいかに重要か、がわかる」と述べている［田中、2014］。

　子どもたちが場所を譲り合ったり、遊具を順番で使ったり、自分より年下の子をいたわったりすることを学ぶ集団の場は、今は幼稚園や保育所のほかには、ほとんどない。それだけに、前節の「3　道徳性とは何だろう」で述べたように、保育者は、自分自身が高い道徳性を備えて、子どもたちのモデルにならなくてはならない。

第3節 集団遊びを通して育つ道徳性

1 遊びと道徳性

　子どもが一人しかいなければ、おもちゃは使いたい放題だが、複数の子どもがいれば、譲り合わなければならない。自分より小さい子が来れば、我慢したり世話をしてやったりしなければならない。子どもも、集団になれば、一緒に快適に過ごすためのルールが必要になる。

　多くのルールは、大人が子どもに伝え、教えるものであるが、年齢が上がるにつれ、子どもたちが遊びの中で、自律的に主体的に身につけるルールも多くなる。遊びと道徳性の発達は密接な関係がある。

図表11-1　パーテンによる遊びの分類

水準	遊びの形態	内　容
Ⅰ	何もしていない	子どもは明らかに遊んでいない。たまたま興味を持った対象をじっと見ている。
Ⅱ	ひとり遊び	玩具や遊具で遊んでいるが、他の子どもには関心がない。
Ⅲ	傍観的行動	他児が遊んでいるのを見ている。話しかけることはあるが、一緒に遊ぶことはない。
Ⅳ	並行遊び	何人かの子どもたちが、同じような遊具・玩具で遊んでいるが、子どもどうしでやり取りすることはない。
Ⅴ	連合遊び	他児と一緒に遊び、遊びに関係のある会話が交わされる。集団での活動の目的ははっきりしておらず、役割もない。
Ⅵ	協同遊び	組織化された集団の中で、何か形のあるものをつくったり、ルールに従って遊んだり、劇遊びをしたりする。

出典：[田中、2014] を参考に、筆者が加工、作成

2 パーテンによる集団遊びの分類

　子どもは０歳児、１歳児のうちは、大人に見守られながら一人遊びをしている。次第に他の子どもを見るようになり、マネするようになり、やり取りをするようになる。

　一人遊びから集団遊びへの発達を、田中浩司［前掲書、p.101］が紹介しているパーテン（M. B. Parten, 1902～1970）の遊び形態の分類でみていこう（**図表11-1**）。パーテンは、個から集団へと進む遊びを社会性の発達と結びつけて考えたので、一人遊びは社会的に未熟な子どものするものと位置づけた。しかし、年長組になった子どもでも、一人で積み木など構成遊びに夢中になっている姿はよく目にするし、大人も一人でトランプなどしている。昨今ではスマートフォンを使って、電車の中でも大人が一人でゲームに熱中している。

　一人遊びの位置づけに関しては、パーテンに批判的な意見があるが、彼女の設定した遊びの分類は、今でも子どもの遊びの育ちを捉えるうえで重要なものとされている。

3 集団遊びの水準と道徳性

　図表11-1の水準Ⅰと水準Ⅱの内容は、相手（他児）との接点がない。例えば、２ヵ月の子どもが自分の手をじっと見ているとき、他者とのやり取りはない。１歳児が「ぽっとん落とし」（保育現場でよく手作りされるおもちゃである。粉ミルクの空き缶のような容器のふたに穴を開け、その穴を通るサイズに作ったフェルト片などを落として遊ぶ）で飽きずに遊んでいるとき、他の子どもには目もくれない。

　水準Ⅲになると、相手（他児）が出てくる。見ているだけならトラブルにならないが、他児の遊んでいる玩具に手を出したり取ろうとしたりすると、取り合いになり、けんかになる。保育所の１歳児組では、よく見かける光景である。そこで保育者が、「○○ちゃんの使っていたおも

ちゃだから、返そうね」「『かして』って言うのよ」と、仲裁に入る。

「他の子の使っているおもちゃは、断りなくさわってはいけない」ということを、1歳児は言葉で理解することはできないが、何回も繰り返し保育者の言葉掛けや対応を受けるうちに、そのルールを身につける。

水準Ⅳでも、それぞれが自分のおもちゃで遊んでいるときはよいが、相手の持っているおもちゃに手を伸ばそうとすると、トラブルになる。保育者が、「〇〇ちゃんの使っているのは青いスコップでしょ、黄色いスコップがほしければ、△△ちゃんに『かして』って言おうね」と声をかける。

水準Ⅴからは、相手とトラブルを起こしていては遊びにならない。あるいは、せっかく成立した遊びが壊れてしまう。電車ごっこで、自分は「ゆうえんち」に行きたいと思っても、他の子たちが「すいぞくかん」に行こうと決めたら従わなくてはならない。おうちごっこでお母さん役になりたくても、お父さん役をしなくてはならないときもある。

第2節「1　認知発達と道徳性」で述べたように(126 ページ)、4歳を過ぎると、子どもは自己コントロール力が飛躍的に大きくなる。

道徳性は、自分で自分を抑えることができるようになってから、子どもが主体的に獲得していくものである。そのためには、子どもは集団で遊ぶことが必要不可欠である。子どもの集団遊びを保障する園などの役割は、子どもの道徳性を育てるうえでも重要さを増すばかりである。

【参考文献】

射場美恵子『0歳から5歳の「集団づくり」の大切さ──ひとりぼっちをつくらない』
　　かもがわ出版、2006年
神長美津子編著『心を育てる幼児教育』東洋館出版社、2004年、pp.9-12
厚生労働省「保育所保育指針＜平成29年告示＞」2017年
全国保育団体連絡会・保育研究所編『保育白書 2017年版』ちいさいなかま社、2015年
田中浩司『集団遊びの発達心理学』北大路書房、2014年、pp.1-2
ポルトマン著、高木正孝訳『人間はどこまで動物か』岩波新書、1961年
文部科学省『幼稚園における道徳性の芽生えを培うための事例集』ひかりのくに、2001年、p.2
文部科学省「幼稚園教育要領＜平成29年告示＞」2017年

（大槻 千秋）

第12章

特別な支援を必要とする
幼児の理解

第1節 「特別な支援を必要とする幼児」とは

　「特別な支援を必要とする幼児」とは、障害のある子ども、外国籍の
子ども、心的な傷を負い特別なケアが必要な子ども等のことである。

　この章では、障害があり、特別な支援を必要とする幼児を中心に学ぶ。
障害のある子どもは、早期発見・早期療育とともに、乳幼児期からの一
貫した支援を行っていくことが重要となる。2007年から「特別支援教育」
が学校教育法に位置づけられ、園においても、特別な支援の必要な幼児
一人ひとりの特性に応じた適切な教育を充実させることとなった。

　特別な支援を必要とする幼児の多くは、生活習慣や新しいことを身に
つけるのに時間がかかる。その背景には、さまざまな発達の遅れや偏り
が関係している。園では、まず毎日の生活の流れの中で園生活のリズム
を整えることから始めるとよい。手順を細かく分けて段階的に教える、

第12章　特別な支援を必要とする幼児の理解

分かりやすい手がかりを与えるなどしながら、繰り返し根気よく教えていくことが、生活習慣を身につける上で大切である。

　また、特別な支援を必要とする子どもにとって、日々の生活の中で自ら取り組む機会や周囲から認められる機会を持つことは、自発性や達成感を育てる。支援に際しては、園と家庭や関連機関との連携による、情報の共有や一貫した支援も重要となる。

　ここでは、知的障害のある子ども、身体障害のある子ども、情緒障害のある子ども、自閉症スペクトラム障害のある子どもを取り上げて、それぞれの障害に関する基礎的な事項とともに、園における対応について学ぶ。

第2節　知的障害のある子ども

1　知的障害とは

　知的障害は、知的機能の遅れと同時に、日常生活上のさまざまな活動に困難がある状態であり、発達期（18歳まで）にあらわれる。知的機能の遅れは、知能検査による知能指数（IQ）がおよそ70以下とされ、その程度により分類される。

　日常生活上のさまざまな活動である適応行動には、以下が含まれる。

①概念的スキル（言葉、意思の伝達、読み書き計算など）
②社会的スキル（自己決定、人とのかかわり、規則を守ることなど）
③実用的スキル（食事・着衣・排泄・移動などの日常生活の活動など）

　知的障害の発生は、染色体異常、先天性代謝異常、感染症、脳の外傷によるものなど多様であるが、はっきりした原因が分かるものは少なく、多くが原因不明である。重度の場合、知的障害以外の他の障害を併せ持

133

っていることも多い。知的障害児は発達全般に遅れが見られるが、発達の状態は知的障害の程度によって異なる。言葉や歩行、食事、排泄、着衣などの日常生活の基盤となる身辺自立に遅れや困難が見られることが多いため、乳幼児期からの細やかな支援が重要となる。

2　知的障害のある子どもへの支援

　知的障害のある子どもは、ゆっくりと発達していく。個々の子どものペースで生活を習慣づけ、また、遊びの中で物を動かす操作などの具体性のある経験を日々繰り返すことで、少しずつ力を伸ばしていくことができる。

(1)　言葉の発達

　知的障害のある子どもは、言葉の発達が遅れる。言葉が話せない、言葉の数が少ない、指示や言葉の理解が難しい、色・形・大きさなどの概念の理解が難しい、発音がはっきりしないなどがあり、遅れの程度や内容は子どもによってさまざまである。

　保育者は、子どもの興味や発達のペースを大切にしながら、楽しい雰囲気の中で短く分かりやすい言葉を使ったり、子どもの言いたいことを代弁したり、共感したりするなどして、日々の生活を通して言葉を育てる姿勢が大切である。

(2)　運動の発達

　知的障害のある子どもは、歩く、走る、体全体を使って動くなどの、粗大運動の発達に遅れを示す。園では、散歩や外遊びで体を動かす機会を増やすとよい。ただし、知的障害のある子どもは体力がない子どもも多いことから、無理なく行うことが大切である。

　また、知的障害児は、握る、つまむ、押す、引っ張る、回すといった、手先の操作力も弱い場合も多い。保育者は着替え、排泄、食事などの身辺自立や制作活動の機会を利用して、苦手な部分への特別な支援をし、徐々に操作力が身につくように指導するとよい。

第12章　特別な支援を必要とする幼児の理解

第3節　身体に障害のある子ども

1　身体障害とは

　身体障害とは、先天的あるいは後天的に、身体機能の一部に障害を生じている状態である。身体障害者福祉法による身体障害者の範囲は次のとおりである。

　　　①視覚障害
　　　②聴覚または平衡機能の障害
　　　③音声機能、言語機能または咀嚼機能の障害
　　　④肢体不自由
　　　⑤心臓、腎臓または呼吸器の機能の障害
　　　⑥その他政令で定める障害で永続し、かつ日常生活が著しい制限
　　　　を受ける程度であると認められるもの。

　ここでは、肢体不自由の一種である脳性まひを取り上げる。

2　脳性まひとは

　脳性まひ（麻痺）とは、発達途上（受胎から生後4週間）の脳に損傷を受けたため起こる運動機能の障害である。運動機能の障害は、軽度から重度のものまでさまざまである。まひにはいくつかの型があり、多いものに痙直型がある。この型は、まひした手足が硬直した（突っ張った）状態となる。脳性まひの運動障害の特性、まひの状態に適した配慮が必要になる。また、運動機能の障害以外に、知的障害や言語障害、知覚障害などを伴うことが多い。

3　脳性まひのある子どもの発達

（1）発達の特徴と支援

脳性まひのある子どもの発達の主な特徴には、次のようなものもある。

135

①運動発達の遅れ

②言葉の遅れ

③視知覚障害

④発達の個人内差の著しさ

　乳児期の脳性まひ児は、基本的には障害のない子どもと同様の発達段階を踏むが、下肢に障害があるために「はいはい」を飛び越し、「つかまり立ち」をしたり、原始反射が消失しないまま、次の発達段階を獲得したりすることがある。これを「スキップ現象」というが、その後の発達に困難をきたすこともあるため、発達段階に沿った動きを獲得できるように早期から療育を受けることが多い。

　脳性まひ児の約4分の3は、以下のような言語障害がある。

①言語発達の遅れ

②声の質やリズムの障害

③構音（発音）に関するもの

　いずれも、就学前からの早期訓練が大切である。言語発達の遅れがある場合、保育者がよい聞き手になってやり、同時に正しい言葉をたくさん聞かせて刺激を与えるとよい。声の質やリズム、構音の問題に対しては、食事の時間に食べ物をかむ、吸う、飲み込むなどの支援や、保育の中で吹く遊びや、身体全体の安定を通じての呼吸の調節などを含めた発音練習等をするとよい。

　また脳性まひ児には、個人差はあるものの、**図表12-1**に挙げたように、さまざまな視知覚障害が見られる。保育の際は、視知覚障害を補うよう環境や教材を工夫し、子どものやる気を損ねないように配慮しながら、日常生活の中で意識してじっくり取り組めるような配慮をする。

第12章　特別な支援を必要とする幼児の理解

図表12-1　脳性まひ児に見られる視知覚障害の例

方向・位置知覚障害	下駄箱、ロッカー、タオル掛け等の位置を間違える。靴の左右やシャツの前後を間違える。
目と手の協調困難	物をうまく取れなかったり、図形や文字を手本通りに書けなかったりする。
統合困難	部分を1つのまとまりのある全体として見たり、構成することの困難により、パズル、積み木模様の構成などが苦手である。
図地知覚の障害	物を見たときに、必要な本質的刺激（図）を取り出して、ほかの不要な刺激は背景（地）として知覚することが難しい。絵本やマークなど、見るべき必要な箇所を見ずに、ほかに注意がいくなど、環境の状態を正しく認知できず、行動に支障が生ずることがある。

出典：筆者作成

(2) 保育環境の整備

　保育環境の整備や教材・用具の工夫は、安全性への配慮だけでなく、子どもが安心して活動し、意欲や自発性を育てる上で重要な条件となる。

　脳性まひのある子どもは、移動が困難な場合が多い。そのため、車椅子、歩行器、杖、補装具などを使用する子どもが移動しやすいように、園内環境を整備する。具体例としては、スロープの設置等による段差の解消、階段・廊下やトイレの壁面への手すりの設置、引き戸への改修などがある。その他、1階の教室を使用するなどの工夫が必要な場合もある。安全性の確保については、環境整備と同時に、災害などの緊急時の対応を検討する必要があるだろう。

　保育活動の中では、障害の実態に応じて適切な補助具・補助手段を活用するとよい。具体的には、姿勢が不安定な子ども用には、座位保持用椅子、カットアウトテーブル、滑り止めシートなどがある。

　また、食事に場面では、スプーンホルダー、すくいやすい形状の皿、滑り止め付きの皿、両側取手付コップ、介護用コップなどの自助具が便利である。制作活動の自助具としては、補助付鉛筆、補助付はさみなどの文具がある。用具の使用にあたっては保護者や専門機関の専門家から助言を得ることも大事である。

137

第4節　情緒障害のある子ども

1　情緒障害とは

　情緒障害とは、情緒の現れ方が偏っていたり、その現れ方が激しかったりする状態を、自分の意志ではコントロールできないことが継続し、学校生活や社会生活に支障となる状態をいう。

　主に心理的な要因によって生じるものとしては、次のものがある。

　　①選択性緘黙、神経性習癖（チック、髪いじり、爪かみなど）
　　②食事の問題（拒食、過食、異食など）
　　③睡眠の問題（不眠，不規則な睡眠習慣など）
　　④排泄の問題（夜尿、夜驚、失禁など）
　　⑤対人関係の問題（引っ込み思案、孤立、不人気、いじめなど）
　　⑥情緒不安定（多動、興奮傾向、癇癪など）
　　⑦不登校など

　これらの症状の多くは、乳幼児の発達過程で見られることもあり、経過観察で改善する場があるが、著しく日常生活に支障を来たしている場合には、専門機関への受診が必要となる。

　情緒障害がある場合には、子どもの行動に現れている状態だけでなく、環境との相互作用についてもよく検討し、子どもが、安心して過ごせるかかわりや環境を工夫することが重要となる。ここでは「選択性緘黙」について解説する。

2　選択性緘黙（場面緘黙）

（1）選択性緘黙とは
　「選択性緘黙」とは、言葉の理解や発語に障害はなく、家庭において

家族とは自由に話せるにもかかわらず、心理的な要因により園や学校などで家族以外の人と話せなくなる状態である。

選択性緘黙の子どもは、周囲からの配慮がない場合、高い緊張感や不安感を抱えたままで園生活を過ごすことになるため、早く見つけ、適切な対応を行うことが重要となる。

集団場面では、一見おとなしい子、あるいは、園に慣れていない子と捉えられ、見守るだけで配慮が不十分になることがあるため注意が必要である。園でまったく話さない状態がしばらく続く場合には、保護者に家庭での会話の様子を詳しく聞いて、判断するとよい。

(2) 園での対応

高い緊張感や不安感のある子どもが話せるようになるには、安心感を持てるような状況をつくることが必要であり、むりやりに話させようとすることは禁物である。例えば、朝の会などの集まりでは、仲の良い友だちの近くに座らせたり、好きな活動ができるように工夫し、緊張が高まる状況をできるだけ軽減したい。

また、発話はないが、コミュニケーションはできるため、話さなくても意思の疎通ができるような配慮が必要になる。うなずき、指さしなどのジェスチャーで表現することで、意思を伝えられるように工夫したり、絵カードやお絵かきなどを活用してもよいだろう。

保育者は、緘黙のある子どもに親しみを持ち、子どもが安心できる、温かい関係を築くことが不可欠である。そのために、保育の中で子どもの好きな遊びを一緒にしたり、集団活動の中にその子どもが興味を示すような楽しい場面を設定したりするとよい。また、子どものやっていることを認めたり、褒めたりするなど、肯定的な言葉掛けを行うことも大切である。

第5節 自閉症スペクトラム障害のある子ども

1 自閉症スペクトラム障害（自閉スペクトラム症）とは

「自閉症スペクトラム障害」（Autism Spectrum Disorder：ASD）とは、脳の中枢神経系の機能障害による生まれつきの発達障害の一つであり、「社会的コミュニケーションの障害」と「限定された興味」の二つの特徴を示す。

これらの症状の現れ方は多様であり、子どもによって特徴のすべてが強く出る場合もあれば、そうでない場合もある。また、ほかの障害を併せ持つ子どもや、特異な感覚を持つ子どももいる。これまで、自閉症、アスペルガー症候群その他の広汎性発達障害とされてきたものを、自閉症スペクトラム障害は一つの連続した症状として分類したものである。

2 自閉症スペクトラム障害の特徴と保育支援

（1）社会性の障害

自閉症スペクトラム障害の子どもは、人とのかかわりの障害があるために、他の子どもに興味を示さないことがよくある。例えば、友だちが言葉をかけたり、おもちゃを見せたりしても、まるで友だちが視界に入っていないかのように、気に入ったおもちゃのある場所に行き、一人遊びを始めたりする。また、かかわり方が特徴的であり、保育者が目の前にいても視線が合いにくかったり、名前を呼んでも聞こえていないかのように見えることがある。同じクラスの子どもたちが楽しむ手遊びなどをやって見せても、興味を持たないことも多い。

保育の場では、自閉症スペクトラム障害のある子どもの遊びや他児とのかかわりを広げるために、その子の好きなおもちゃを介してかかわって遊びを広げたり、他児を誘い入れて少人数で遊ぶ機会をつくったり、

140

第12章　特別な支援を必要とする幼児の理解

係を与えて他児と触れあう機会を設定する対応をするとよい。その際に、本人のペースで無理なく楽しめているかを常に確認しながら、柔軟に対応を進めることが大切である。

(2) コミュニケーションの障害

　自閉症スペクトラム障害のある子どもは、コミュニケーションの障害のために、言葉の遅れがあったり、自分の思いや考えを相手に伝えることが苦手であったり、相手の思いや考えを読み取ることが苦手であったりする。言葉を話さない子どもの場合、簡単なサインやジェスチャー、絵カードなどを使用して、早い時期から子どもと意思を通じ合えるようにする工夫が必要となる。

　一方、言葉の発達がよい場合でも、「これ」「あそこ」といった指示語や、「もう少し」「ちょうどよい」といった程度を表す言葉の理解が難しい子どもがいる。例えば、自由遊びが終わりに近づいたときの「あともう少ししたら、片付けます」という指示や、大声を出す子どもに「もう少し小さい声で話してね」という指示などは分かりにくい。この場合、実例を示したり、絵・写真・文字などを使い、具体的に目で見て理解できるように示す工夫が必要になる。

(3) 限定された興味

　自閉症スペクトラム障害の子どもは、限定された興味があるために、特定のやり方や物にこだわりを示したり、友だちの気持ちや立場を想像したり、見通しを持って活動したりすることが苦手である。

　遊びでは、興味や関心の範囲が狭く、パターン化した活動を好むため、特定のおもちゃや遊びを繰り返したり、ブロックなど同じ種類のおもちゃを並べて、横から眺めるのを繰り返すといった、本来の遊び方とは異なった遊び方をしたりする。

　また、特定の色や形に執着したり、生物・乗り物など興味のある物の

141

名称を大量に記憶していることもある。目の前で手をひらひらとさせて独りで楽しんだりする、常同行動が見られる場合もある。

　また、いつもと違うこと、急な予定変更や、環境の変化が苦手である。例えば、次の活動への切り替えができなかったり、遠足や運動会などの行事など、いつもと違うスケジュールがあるとパニックを起こしたりする。多くの自閉症スペクトラム障害のある子どもは、先の見通しが立つと安心することが多く、また、目で見て分かる情報を理解しやすい。そのため、スケジュールボードや絵などを使い、予定や変更内容を事前に知らせておくとよい。

　その他、こだわりは、特定の服への執着や極端な偏食として現れることも多い。

(4) その他 —— 感覚の特異性

　自閉症スペクトラム障害の子どもには、感覚が過敏であったり、鈍感であったりする特異な感覚がみられることが多い。例えば、小さな音でも耳をふさぐほど不快に感じたり、体に触れられることや服を着るのを嫌がったり、粘土や糊にさわれなかったりする。

　一方、痛みに鈍感であったり、回転しても目が回らなかったりする。感覚の特異性が軽減する場合もあるが、保育者は子どもの示す過敏な感覚や困難さをよく理解し、子どもが安心できる環境を確保したり、無理をさせない程度に対応を工夫したい。

【参考文献】

塙和明・徳田克己編著『気になる子どもの保育』文化書房博文社、2011 年

（野澤 純子）

第 **13** 章

教師の姿勢と
幼児に対する共感的理解
―肯定的見方の意義―

第1節　幼児とかかわる教師

1　集団生活における教師の役割

(1)　信頼関係を築く――心を傾けてかかわる

　幼児は、教師との信頼関係をもとに、集団生活の中でさまざまなことを学び、他者や環境とのかかわりをとおして成長していく。

　集団生活の中で幼児の「生きる力」の基礎を育むためには、共に過ごす教師が、一人ひとりの幼児を理解したうえで、その幼児の特性に合わせた援助を行う必要がある。では、「教師が幼児を理解する」とは、幼児の何を、どのように理解するのだろうか？　また、「幼児を理解する」ためには教師自身がどのような視点を持ち、どのような姿勢で幼児とかかわることが必要になるのだろうか？

この章では、幼児を理解する具体的方法や、さまざまな視点から、幼児とかかわりながら集団生活を共に過ごす教師の姿勢について、考えていく。

　幼児期における教育について、幼稚園教育要領では「生涯にわたる人格形成の基礎を培う重要なものであり、幼稚園教育は、学校教育法第22条に規定する目的を達成するため、幼児期の特性を踏まえ、環境を通して行うものであることを基本とする」と規定し、教師が「幼児との信頼関係を十分に築き」教育を行う必要性を明記している。

　教師と幼児との信頼関係とはどのようなことなのか、どのように築くのか、以下に新入園児の例を挙げて具体的に考えていく。

　初めて園などに入る3歳の幼児が何を考え、感じるのか想像してみよう。家族という小さな集団の中で過ごしていた幼児が、同年齢の幼児とともに、園での集団生活を始める。家庭での幼児は困ったときや不安を感じたときには、自分の状況や気持ちをその幼児のやり方で表現し、身近な家族が幼児に対応する。幼児にとって身近な家族のいる家庭は守られた安心できる世界である。

　一方、園での集団生活は、幼児にとって慣れ親しんだ家庭環境とは異なる未知の世界である。親しい家族と離れる不安や、同年齢の幼児とともに過ごすことで、幼児はとまどったり、困ったりすることがあるかもしれない。初めての集団生活では、緊張感から自由に自分を表現できないことも考えられる。

　教師が幼児を理解したいと考え、心を傾けることで、集団生活の場は温かい雰囲気がつくられる。活動の中で幼児の困っている様子を感じた教師がさりげなく、「いっしょにやってみようか」と声をかける。

　幼児たちの活動に加わり、共に過ごしながら、幼児と同じ体験をして感じたことを言葉にする。そのときの幼児の気持ちを分かりやすい言葉で幼児に伝え返し、共に楽しむ。教師は専門的知識をもとに、幼児とか

第13章　教師の姿勢と幼児に対する共感的理解 — 肯定的見方の意義

かわりながら、それぞれの幼児の特性や気持ちをつかみ、幼児との関係を築いていく。このような教師のていねいで細やかなかかわりが、幼児の安心感につながり、やがて、教師と幼児との信頼関係が深まっていく。

(2) 集団生活の中の安全基地

　ボウルビィ（J. Bowlby, 1907 ～ 1990）は愛着理論の中で、親密な養育者とのかかわりが、乳幼児にとって安全感・安心感を抱く体験となり、基本的な信頼感を築く基盤になることを指摘している。「親密な養育者」とは、主には母親であるが、母親でなくても、乳幼児の欲求をつかみ、それに応じて身体的な世話をして安心感を与える身近な大人が親密な養育者である。

　乳幼児は親密な養育者との愛着関係が築けると、親密な養育者がすぐ近くにいなくても、何かあったときには必ず親密な養育者が自分にとって必要な対応をしてくれると確信を持ち、自らの興味や関心から探索行動を始め、主体的に行動できるようになっていく。親密な養育者との信頼関係の基盤が、乳幼児にとっての「心の安全基地」である。

　園でかかわりながら信頼関係を築いていくうちに、幼児にとって教師は「心の安全基地」になり、集団生活の中で最も頼りにできる存在の大人になっていく。教師を心の安全基地として、幼児は生きる力の基礎となる自己の心情や態度を自由に表現できるようになり、集団生活の中で意欲を持って主体的な行動ができるようになっていく。

〔事例〕

　家に帰り、Aちゃんからその日の出来事を聴きながら母親が夕食のしたくをしていると、「あのね、先生」と声をかけられた。Aちゃんがあまりにも自然に「先生」と呼びかけたことに母親は少し驚いたが、泣かずに登園できるようになったのは、先生のことを母親のように感じているからだろう。園で、先生を頼りにしながら過ごしているのが分かり、安心した。

145

これは、3歳児のＡちゃんが入園後2ヵ月ほど経った頃、母親から報告を受けた家庭でのＡちゃんの様子である。Ａちゃんにとって、園での教師とのかかわりは、家庭での母親とのかかわりのように安心できるものであり、「安全基地」として感じられる存在になったことが、無意識に「先生」と母親へ呼びかける表現になったと考えられる。

2　幼児とかかわる教師の姿勢

(1)　幼児に合わせて必要な援助を考える

　それぞれの幼児の年齢や発達の様子、特性に合わせて、直接的に教え、危険なことや他の幼児とのかかわりの中で善悪の判断を学べるよう、幼児に対して行動を禁止することがある。またあるときには、試行錯誤する幼児の様子を見守りながら、間接的に幼児を援助する必要もある。

　ものごとの決まりを知り、身につけるためにお手伝いカードやシールなどのご褒美をわたし、できたことを認める方法が「物的報酬」を利用する方法である。ご褒美となるカードやシールなどの物的報酬は、幼児にとって目に見える形のあるものであり、教師から褒められたことや自らできたことが分かりやすい。

　また、一方では、幼児の主体的な行動に対して、教師は「できたね」「よくがんばったね」と言葉で伝える。少し離れて見守りながら、幼児が教師と視線をあわせたときに大きくうなずく。このような教師の態度や行動が、「非物的報酬」である。教師の応答や態度が幼児にとって非物的報酬となり、幼児の自信や主体性を大きく支える。

　一人ひとりに寄り添い、そのときに必要なことを考えながら幼児とかかわることが、幼児の成長、および発達を育むことにつながる。

(2)　相反するものを両方から捉える

　集団生活の中で、一人ひとりの幼児の持つ特性や家庭環境はさまざまである。園では主体的に行動ができても、家庭では何事にも手がかかる

146

子どももいる。

反対に、園では教師のかかわりや援助が常に必要だが、家庭では、他のきょうだいの面倒をみたり、手伝いをしたりと、手がかからない子どもだと、保護者が捉えている場合もある。教師と保護者との会話の中から、相反する幼児の姿が明らかになることがある。これは集団生活と家庭生活の中での、幼児の甘えや依存と、自立の表現が異なることを意味している。

また、園での同年齢の他の幼児とのかかわりの中で、自らの主体性の主張と他者の主体性を受け入れ、共にかかわろうとする幼児の心情や態度は、幼児の中で、葛藤を生じさせる。依存と自立、主張と受け入れは相反する考えのように捉えられるが、信頼できる保護者や教師に甘え、依存ができることにより、幼児は自ら主体的に表現できるようになり、自立に向けて動き出す。自らを主張することから、相手の主張を受け入れ、他者とのかかわりの中で自らの気持ちに折り合いをつけて、他者と共存できるようになっていく。

このように相反することに対して、教師が一人ひとりの幼児と、ものごとや他者との間に入り、柔軟に対応することで幼児は主体性を発揮して、生きる力を身につけていく。

第2節　共感的理解

1　共感的理解の考え方

(1) 心理療法における共感的理解

ロジャーズ（C. Rogers, 1902 ～ 1987）によれば、カウンセラーとクライエントの人間関係を基盤とした心理療法での共感的理解は、あたかもその人のようにという状態を失わず、クライエントの心のうちにある気持ちや考えをカウンセラーが体験的に把握し、感じる状態である。

ただし、心理療法における共感とは、「クライエントの感じているままにカウンセラーが感じ取ることではない」［東山、1995］。確かに、カウンセラーが、クライエントの体験とまったく同じ体験をすることはありえない［本田、1995］。クライエントの体験に類似した体験をより深く体験しているカウンセラーが、クライエントの話を聴きながら、カウンセラー自身の心の中にあるさまざまな感情を体験する。カウンセラーは、「もしも私があなたと同じ状況だったら、たぶんこんな風に感じると思うけれど、今あなたが感じている怒りや悲しみとは、そんな感じなのか」と、クライエントの話をカウンセラー自身がどう体験し、感じたのかをクライエントに伝える［東山、1995］。

　このような過程を経て、カウンセラーはクライエントを共感的に理解していくことができるようになる。

(2) 絵本をとおした共感的理解

　絵本『おじさんのかさ』［佐野、1992］を読んだことがあるだろうか。この絵本の「おじさん」は、自分のりっぱな傘が濡れないように、雨が降ると自分のコートの下や、ほかの傘をさしている人に入れてもらって、自分の傘が濡れないよう大切にしながら過ごしている。ある時、子どもたちが楽しそうに傘をさしている様子を見て、おじさんはりっぱな傘をさしてみた。すると、傘に当たる雨音が面白く聴こえ、雨の中を歩く楽しさを初めて実感できる体験となった。「ぐっしょり ぬれた傘も いいもんだなあ」のひと言は、体験をとおして、子どもたちの内面に共感し、理解できるようになったおじさんの言葉である。

2　カウンセリングマインド

(1) 教師の体験をとおして理解する

　幼児教育や保育におけるカウンセリングマインドとは、「一人ひとりの幼児の内面を理解し、信頼関係を築きつつ、発達に必要な体験を幼児

第13章　教師の姿勢と幼児に対する共感的理解 ── 肯定的見方の意義

自らが獲得していけるように援助する保育者の基本姿勢」〔西原、2003〕
とされる。

　教師は、相手を理解したいと思いながら目の前の幼児とかかわり、共
に過ごす。幼児の内面を理解するためには、幼児の気持ちや行動を想像
して、かかわることが必要である。幼児と同じ目線や同じ場で過ごすと、
大人としての立場や教師としての立場では分からなかった幼児の気持ち
や行動が感じられるようになり、見えてくるものがたくさんある。

　教師自身の体験が、幼児の気持ちや行動に共感できるきっかけとなり、
幼児への共感的理解につながっていく。

（2）分からないことを抱え続ける

　園での集団生活の中で幼児とかかわりながら共に過ごしても、幼児の
気持ちや行動の意味が分からないこともある。

　分からないことを分かろうとして考え続けることは、今までの自らの
幼児に対する見方やかかわり方を問い直すことであり、教師自身が葛藤
を抱えることでもある。

　その一方で、幼児を分かろうとすることは教師の視野を広げることで
もある。教師である自分だけでなく、集団生活の中で、他の幼児とのか
かわりを見ることや、自ら抱えている分からなさを伝え、集団生活で共
に支援を行う他の教職員からの意見を聴きながら考えることも、有効な
方法になる。さらに、家庭での家族とのかかわりや養育過程をていねい
に聴き、家族と話し合うことも必要になる。

　例えば、Bちゃんという子がいるとする。Bちゃんについてすぐに分
かろうとすることを急がず、かかわりながら、「あの行動はBちゃんに
とってどんな感じなのかなあ」「突然のように見えたが、Bちゃんは何
が気になったのだろうか」など、考えの中心にBちゃんを置いて、さま
ざまな視点から教師が思いをめぐらせる過程を経て、少しずつBちゃん
の気持ちや行動が理解できるようになっていく。

(3) 教師と幼児の相互理解

　共感的理解が持てるようになることで、教師は幼児の気持ちや行動に応答しやすくなり、目の前に存在するありのままの幼児を受けとめ、認め、幼児にとって必要な援助ができるようになる。

　幼児は教師とのかかわりをとおして、ありのままの自分を受けとめられていることを実感し、安心して、主体的に園での活動に取り組めるようになり、自由に自己表現しながら他の幼児とのかかわりを持てるようになっていく。

　教師の共感的理解は、教師と幼児との信頼関係や相互理解を深め、幼児の主体的な行動や表現を促し、他の幼児とのかかわりを広げる役割を果たしている。

第3節　肯定的見方の意義

1　肯定的な見方

(1) 周囲とのかかわり方 —— 心を開く

　近年、貧困や家庭での養育環境の影響から、児童虐待が社会問題になっている。

　また、日本社会のグローバル化が進み、両親や家族が外国籍を持つ幼児の入園も珍しいことではない。

　幼児教育の中で教師が考え、想像できる従来の幼児の行動や心情、身につけているであろう態度などからは理解できず、幼児とのかかわりが難しいと感じる場面が、園での集団生活の中でも増えている。

　このような状況は幼児が生活し、養育を受けてきた環境が、従来の文化的背景とは大きく異なることを意味している。こうした状況について、「心の開き」という言葉を挙げ、日本文化の特質と生理・心理学的発達の視点からの研究が行われている。

「心の開いた状態」とは、「人と人とのかかわりの中では、相手の気持ちや意見をよくわかろうとしている状態」であり、「物事とのかかわりでは、身の回りで起きている事柄に興味・関心を持ち、それらがよく見え、よく考えることができる状態」であると説明されている［近藤、2014］。

さらに、心の開いている人は「自分の気持ちも素直に感じ・認めることができ、表現できる」と述べ、周囲の人や、ものごととのかかわり方だけでなく、自分の感じていることを相手に伝える必要性が指摘されている。

教師が、幼児やその保護者の気持ちや事情も含めた家庭状況を、よくは分からないが理解しようと心を傾けながら、幼児やその保護者とかかわることが「心を開く」ことである。

（2）ありのままの幼児を受けとめる

幼児の行動や表現は、心身の成長および発達の中で現れてくる幼児の自我や主体性にかかわっている。幼児が主体的に自己表現し、他の幼児とのかかわりの中で試行錯誤する幼児の姿は、教師として幼児の発達を感じられ、ありのままの幼児を受けとめることができるだろう。

一方、集団生活の中で、ある幼児が教師や他の幼児に対して、暴力的な行動や拒否的な態度を表現するようなとき、教師はありのままの幼児を受けとめることが難しいと感じることが多くなる。しかし、「行動の良し悪しや周囲の受け止め方にかかわらず、ありのままの欲求や思いをそのまま表現し発揮することが、活動の主体としての子どもの姿である」［小嶋、2015］。

大人にとって肯定的に受けとめることが難しい幼児の行動や表現を、教師が心を開き、ありのままの姿として受けとめ、幼児の内面を理解しようと心を傾けてかかわることが、肯定的な見方につながっていく。

2　教師の肯定的幼児理解の方法

(1)　教師が自らを知ること

　他者やものごととかかわるとき、かかわる側が他者やものごとをどのように考え、捉えるのか。

　そのかかわりの中で何を感じて、他者やものごとを理解するのか。その判断基準が、かかわる側の価値観である。

　教師が幼児とかかわるとき、教師自身の価値観をとおして幼児が表現している行動や心情を捉え、その幼児を理解する。教師側の固定概念や先入観などを含んだ価値観は、幼児の理解に大きな影響を与える。

　教師としてありのままの幼児を理解するためには、自らの価値観や感じ方の癖を知ることが必要になってくる。

(2)　価値観と現実とのずれに気づく

　園での集団生活の中で、教師や他の幼児とのかかわりをとおして見えてくることは、幼児一人ひとりの個性や特性である。

　教師は集団の中の一人ひとりを理解する際に、幼児の心身の成長および発達や、幼児教育の方法をもとにした専門的知識や、今までの幼児教育での経験をとおして、目の前の幼児を理解しようとする。そして、幼児の行動や心情を理解できず、どのようにかかわってよいのか分からないときに、教師は自らの価値観や保育観が明確になることがある。

　それぞれの教師の価値観や保育観は、自らの幼児期の体験や今までの成育歴の中で身につけてきた社会的・文化的・歴史的要因の影響を受けている。しかし、教師自身がその影響を意識していないことも多い。

　教師が、自らの価値観や保育観と、目の前にいるありのままの幼児とのずれに気づくことで、今までよりもさまざまな視点を持つことが可能になる。

(3) 肯定的な見方の意義

　教師がさまざまな視点を持つことで、今まで捉えていた幼児の行動や心情、状況を違う方向から考え、感じることへとつながる。すると、目の前の幼児への共感的理解が深まり、ありのままの幼児を受容できるようになる。「なぜこんなことをするのだろう」と、批判的に感じていた幼児の行動や態度は、「そのように表現するしか方法がないのかもしれない」と、肯定的に捉えることが可能になる。

　教師が肯定的にありのままの幼児を受容できるようになることで、教師の幼児へのかかわりに、変化が現れる。幼児は教師の応答や態度の変化から、教師が自らを受けとめ理解していることを実感し、自信を持ち、集団生活の中で自己を発揮し、生きる力を伸ばしていくことが可能になる。

　肯定的見方を持った教師と幼児との相互的なかかわりが、日々の集団生活の中で循環的に作用し、幼児の成長および発達を促していく。

【参考文献】

　小嶋かおり「主体性の形成」清水益治・森俊之・杉村伸一郎編集『保育の心理学Ⅱ』中央法規出版、2015年、p.125

　近藤俊明『子ども臨床心理学』サイエンス社、2014年、pp.12-16

　佐野洋子『おじさんのかさ』講談社、1992年、p.29

　西原彰宏「カウンセリングマインドと保育臨床」森上史郎・浜口順子編『新・保育講座③幼児理解と保育援助』ミネルヴァ書房、2003年、pp.119-143

　林潔「共感的理解」中島義明・安藤清志・子安増男・坂野雄二・繁桝算男・立花政夫・箱田裕司編『心理学辞典』有斐閣、1999年

　東山紘久「幼児保育者とカウンセリングマインド」氏原寛・東山紘久編著『幼児保育とカウンセリングマインド』ミネルヴァ書房、1995年、pp.245-263

　本田修「幼児保育における子ども理解」氏原寛・東山紘久編著『幼児保育とカウンセリングマインド』ミネルヴァ書房、1995年、pp.19-39

　ボウルビィ著、二木武監訳『母と子のアタッチメント 心の安全基地』医歯薬出版、1993年

（塚越 康子）

第 **14** 章

幼児を知るための
保護者理解

第1節　幼児と保護者と保育者の関係

1　子どもの"安心の基地"

　幼児（以下、子ども）にとって、保護者は"安心の基地"である。以前より多くの研究から言われるように、親との愛着形成の過程は、子どものパーソナリティ形成にも関連することが知られている［岡田、2011］。愛着形成が子どもと保護者の間で十分に形成されていなければ、保育の場での子どもの姿に影響することは当然のことである。

　日々の子どもの語りの中に、休日に過ごした家族との楽しい思い出があること、家族の絵を一生懸命にクレヨンで描くこと、給食や弁当をおいしく食べることなど、これら子どもの姿は、保護者が子どもの心と身体の安定的な成長に不可欠な存在であることを物語るものであろう。

第14章　幼児を知るための保護者理解

一方、家庭環境が荒れていたり、保護者同士の人間関係が不仲だったりした場合、子どもの生活や友だち関係への影響が懸念される。つまり、保育における子どもの姿の理解（幼児理解）は、幼稚園・保育所・認定こども園（以下、保育施設）のような環境の中での姿の理解だけではなく、保育施設外の家庭環境における子どもの姿の理解が重要となる。そして、家庭環境における子どもの姿の理解とは、子どもの"安心の基地"ともいえる保護者理解より深められる。

2　影響し合う子どもの姿と保護者の姿

保護者にとっても、子どもという存在は重要な存在である。例えば、保育の場面において、子どもが登園したくないと泣きじゃくる。ケンカで顔に引っかき傷を付けられる。これらの子どもの姿を見たとき、保護者は心配な気持ちなることだろう。一方、子どもがイキイキと笑顔で登園する。夢中になって遊んだことや友だちと思いを共有したことを語る。こうした姿は保護者に喜びと安心を与えることだろう。

何より、このような子どもの姿を見たとき、保護者は嬉しい気持ちになるだけでなく、保育者に対する信頼を抱くことだろう。

つまり、子どもの健全な姿は保護者の心や身体の安定においても非常に重要なものである。保護者の姿と子どもの姿は、鏡に写る向かい合わせの自身の姿のように、子ども、保護者それぞれの内面（心の状態）や外面（身体の状態）を写し出すものなのである。それほどに互いの姿は相互に影響し合うことを保育者は周知していなければならない。この影響の理解が、子ども理解を行う上での保護者理解の基本的な視点と言えよう。

3　保育者が信頼できる存在であること

保護者理解は、保護者と子どもの姿に対する保育者の一方向的な理解だけで行われるものではない。保護者理解には、子どもと保護者が保育者を信頼し、日々の保育の理解を得るということが必要となる。これは、

155

保育実践を担う保育者の姿を子どもや保護者がどのように見ているのか、という保育者自身の姿への問いとも言える。人間同士がコミュニケーションを重ね信頼関係を深める過程がなければ、互いの理解が深まらないことは当然のことである。

　保育者は、子どもや保護者に対して、上の立場から何かを理解しようとする存在ではなく、保育の営みにかかわる一人として、共同的に互いが保育の理解を計りながら共に学び合う存在なのである。そして、何より信頼関係を形成していく上で重要となるのが保育者の人間性である。

　例えば、日々の保育の中で子どもの語りに耳を傾けない、保育職務の連絡・報告といった保護者への対応を疎かにする。このような場合、子ども、保護者は保育者を信頼することは難しいだろう。その他、日々の服装、言葉遣い、生活態度など、外見的な在り方も信頼関係の形成に影響を与えることは言うまでもない。

　つまり、保育者自身が子ども、保護者に信頼される人間性を有しているかが重要な問題なのである。一方的に他者の姿を捉えるのではなく、子ども、保護者の思いに耳を傾け、受け止め、共感する。このような人間性なくして保護者理解を進めるための信頼関係を形成していくことは難しい。保護者理解の背景には保育者の人間性の在り方そのものが問われるのである。

第2節　社会状況の理解と保護者支援

1　保護者を取り巻く社会状況

　保護者を理解するためには、保育者は社会状況を踏まえた子育てに関する社会現状への理解をもつ必要がある。例えば、「ワークライフバランス」、「働き方改革」という言葉に注目が集まるなか、共働き世帯、核家族は増加している。

このような社会状況において、子育て世代の家庭は、子育てに関する悩みや不安を抱えている場合が少なくない。また、急速に進むグローバル化や保育制度改革（子ども子育て支援新制度等）は、保育ニーズ、保育サービス形態の多様化を生んでいる。これらの社会現状の認識無くして保護者理解は進まない。なぜなら、日々、保護者がどのようにして生活をおくり、子育てと向き合い、保育施設へ子どもを預けているかが、子どもの姿へ影響するからである。

保育現場では、保護者に対し保育業務に関連する依頼次項が生じる場合がよくある。例えば、保育参観、遠足の準備など園行事への参加協力はその最たるものの一つだろう。これらを、保育施設側の保育理念や運営方針から保護者へ依頼することは仕方のないことである。

一方、保育施設側の依頼に対し、保護者がどれほどの負担を抱いているのか、どこまでの依頼ならば可能であるのか、などは、社会状況を考慮した上で、それぞれの家庭に応じた保護者理解がなければ個々への具体的な配慮には至らないだろう。つまり、社会状況の適切な把握は形式的な保護者対応ではなく、一つひとつの家庭環境に応じた保護者対応において重要な情報となる。そして、家庭をとりまく社会状況に関する知識がなければ、保護者の心情の理解にもつながらない。保護者の背景にある社会現状の把握に努めることが保護者理解には必要なのである。

2　家庭養育の弱体化と子育て支援

先に述べた家庭を取り巻く社会状況の中には家庭の養育力の弱体化への影響が懸念されるものがある。例えば、昨今、家庭養育の現状を示すデータとして日本の離婚率や貧困率が代表例として挙げられる。日本の離婚率は、夫婦の3組に1組が離婚することを示している［厚生労働省、2017］。また、子ども貧困問題を示す指標においては子ども7人中1人が貧困に陥っているという試算がある［内閣府、2017］。

これらは、家庭の養育力の弱体化への影響が懸念される社会状況の一

部でしかないが、子育てを取り巻く日本の社会状況は、まだ整備を有する状況であり様々な課題と問題が存在している。これら背景より重要さを増していることが子育て支援という保育の社会的な役割である。

　児童福祉法（第2条）には「国及び地方公共団体は、児童の保護者とともに、児童を心身ともに健やかに育成する責任を負う」とある。この内容は、家庭だけで子育てをするのではなく、社会的な支援を受ける権利があることが規定されているとしている［林ら、2010］。つまり、家庭の養育力の弱体化を考えたとき、保育者へ求められる子育て支援は、子どものみならず、共に子どもの育成の責任を担う保護者への支援にも目を向けなければならない。保護者理解において、保護者が現在、支援を必要とする存在であることを配慮した上での対応が求められている。

第3節　保育事例からひもとく保護者理解

1　保育事例にみる保護者理解

　本章ではこれまで、「保護者の姿」・「子どもの姿」・「保育者の姿」の相互理解が、保護者理解において必要であること、その上で、昨今、保護者が置かれている子育てについての社会状況への理解に触れ、保護者支援の必要性について述べてきた。これらを踏まえ、次に具体的な保育事例より保護者理解について考えていきたい。

　本項では、実際の保育事例より「子どもの姿」と「保護者の姿」から「保育者理解の視点」を取りまとめる。なお、具体的な保護者対応については議論しそれぞれの考察を行ってほしい。

（1）子どもの発達に悩む保護者の理解

〔事例Ⅰ〕"私の子は大丈夫？"（3歳児Aの姿）

●子どもの姿　　3月生まれで、体の小さいA児。A児の生活のリズムはゆっく

第14章　幼児を知るための保護者理解

りでマイペースである。園庭での運動遊びよりも保育室で静かに一人で遊ぶことを好み、よくままごとをして遊んでいる。

　毎朝の登園（登園バスの乗車）の際は、保護者と離れることが不安で大声で泣いていた。しかし、登園後は、ある保育者に親しみをもって接し、かたわらにいることで安心し生活や遊びを行う。

◎**保護者の姿**　　A児の母は、高齢出産でA児を産んだ。A児は初めての子どもであった。食事にも気を使い、毎日の規則正しい生活を家庭で心がけている。そして、ようやく授かったA児のことをとても大切に思い育ててきた。また、熱心に子育てや保育に関する勉強もしていた。

　家庭環境は、母親、父親の両親の実家は地方にあり共働きである。
A児の父親は働き盛りで土日祝日以外、帰宅は遅い。そのため、母親が家事全般を担っていた。このような生活背景の中、自分の子どもが毎日、登園時に泣いている姿や保育参観でマイペースに生活する姿に不安を抱いている。園で、先生を頼りにしながら過ごしているのが分かり、安心した。

▼〔事例Ⅰ〕から学ぶ≪**保護者理解の視点**≫

・子どもが「育とうとする姿」と保護者が「育って欲しい姿」

　子どもの育ちの指標に発達段階や発達課題がある。これらは、あくまで発達の目安である。保育では、おおまかな子どもの発達理解は必要だが、一人ひとりの育ち方の道のりや速度は違う。保護者が「こうなってほしい」という願いと、いま目の前にいる子どもが育とうとしている方向が異なる場合があることへの理解が必要である。

・保護者が抱く子育てへの不安

　昨今、高年齢出産が増えている。その際、女性は様々な出産リスクへの不安を抱える場合がある。また、共働き世帯をはじめ現代の子育て環境において、母親、父親が家庭養育を担うバランスは異なる。さらに、身近に育児経験に関して助けを求めるものがいないことも多い。これより、保護者は子どもの育てについて不安や悩みを内に抱え込み孤立している可能性がある。

・子どもの育ちの姿をふり返り共有し合うこと

　保育者として、日常の保育職務は多忙なことも多い。また、登園バスなどがある場合、子どもの育ちに関する情報の共有には時間的な制約が生じる。そして、毎日、ドキュメンテーション・連絡帳などを作成し、一人ひとりの保護者へ伝えることも容易ではない。ゆえに、保育者は日々、子どもの姿を振り返り記録しておく必要がある。

　また、担任一人ではなく、園全体で子どもの姿に関する情報を共有することが望ましい。このような、子どもの姿のふり返りや記録の共有・蓄積は、発達障害、児童虐待の早期発見にもつながる。

（2）保護者同士の人間関係への理解

〔事例Ⅱ〕"なんでいっしょに遊んじゃいけないの？"（4歳児Bの姿）

●子どもの姿　毎日、いきいきと園生活を楽しむB児。友だちと共に遊ぶことに喜び、繰り返し鬼ごっこをして遊んでいる。特に、B児は同じ組の友だちのC児とよく遊んでいた。二人は年少児から仲の良い姿がみられた。

　しかし、ある日、突然、B児とC児が共に遊ぶ姿が見られなくなる。その姿は、ただ遊びの興味が互いに変わったわけではなく不自然で、一方的にC児がB児を避けているようだった。その様子がしばらく続くので、保育者が「Bちゃんとケンカしてるの？」とC児に尋ねると、「Bちゃんと遊んじゃいけないって言われてるの」と小声で答えた。

◎保護者の姿　B児の母親は、保育に協力的で園行事の運営や経理などを行う保護者会の役員を務めていた。責任感が強く同学年の保護者のリーダー的存在でもあった。それもあり、日ごろ保育の手伝いに関する保護者への連絡事項の確認を担っていた。そこで使用されていたのが、ＳＮＳ（「ライン」「フェイスブック」などソーシャル・ネットワーキング・サービスの総称）のグループ通知である。とある行事の手伝いが足りなくなったため、手伝いを担当してくれる保護者を探しているとき、C児の母親へその旨を説明し、SNS上で依頼した。

第14章　幼児を知るための保護者理解

しかし、この依頼の仕方（内容の詳細な記述は避ける）が、一方的な強要であるとSNSのグループ上で議論となり、複数の保護者がB児の母親を批判した。この保護者間のトラブルは、子どもの姿（B児とC児の姿）を伝えることで、初めて保護者から語られた。

▼〔事例Ⅱ〕から学ぶ≪保護者理解の視点≫

・大人同士の人間関係と子どもの人間関係

保育の営みは一つの「社会」とも言える。その社会は子どもの中だけで形成されるわけではなく、営みに参加するすべてが相互に作用して形成されている。このため、保護者間の人間関係は子どもの人間関係にも影響するし、その逆もある。また、保育者同士（同僚間）の人間関係も当然、子どもの姿へと影響する。

・保育の連携と保護者の現実

保育業務の運営には保護者との保育の連携はなくてはならない。父母会等の協力なしでは運営することが難しい行事なども多い。

一方、これまで述べてきたように、多様化し変化する社会において、保育施設運営側への協力が負担となる家庭もある。そのため、保育の連携において、保育者側は各家庭の養育状況や保護者間の関係への配慮を要する。

・情報化社会の便利さと怖さ

日々、高度化する情報技術は、私たちの生活より非常に便利なものにする。事例にあった「SNS」は、スマホを使用する世代の保護者の多くが利用していることだろう。

これらIT技術は情報の伝達や共有に優れ、利便性が高い。一方、使用の方法を誤れば、特定の人間を批判したり、個人情報を漏洩させたりする怖さを含んでいる。このため、保育に携わる大人が適切な情報リテラシーについての共通理解をもつ必要がある。

161

(3) 家庭の養育力における保護者理解

〔事例Ⅲ〕"先生がいるから平気だよ！"（5歳児Dの姿と父親の姿）

●子どもの姿　7月生まれのD児は、困っている友だちを助けたり、保育者の手伝いをしたりと、思いやりがあり、優しい性格である。そんなD児の母は、D児が年中の頃から体調を崩し、入院をしていた。そして、D児が年長になったとき様態が急変し、他界してしまう。その後、しばらくして父親と登園しはじめたD児。D児の様子を、周りの保育者は心配し見守っていた。

しかし、D児は以前と変わらず笑顔で遊び、ふだん通りの生活をおくる。今までと少し違う姿は、ふとした瞬間に何も言わず保育者に駆け寄り、力強くしがみ付くように抱きつくことだった。そのD児を、保育者は思いきり抱き締め返していた。

◎保護者の姿　D児の母親の他界後、父親は仕事を減らし、早く退社してD児を迎えに来ていた。両方の祖父母が家事手伝いを援助してくれていたこともあり、家庭の安定が保たれていた。残された家族が一丸となり、D児のために協力していた。

父親は、D児が保育者を力強く抱きしめる姿を知ったとき、家では見ない姿だと語っていた。一方、「あいつ、いつも『がんばって』と、僕を家でも励ましてくれるんです」と、父親は語っていた。

▼ 〔事例Ⅲ〕から学ぶ**≪保護者理解の視点≫**

・保護者のために子どもはがんばる

子どもは、保護者や周りの大人たちの期待に答えようとする姿を見せるときがある。特に、信頼関係が深ければ、相手を助けたい、力になりたいと願うことだろう。ただ、子どものがんばりにも限界はある。大人もそうであるが「顔は笑って心で泣いて」というときはある。

したがって、保育者は子どもの内面と外面の両方の状態より、子どもが発するメッセージを見逃さず受け止めていく必要がある。

第14章　幼児を知るための保護者理解

・誰にでも起こりうる大きな生活の変化

　保育という職務は、子どもや保護者の生活に近いところにある。そこでは、それぞれの家族の大きな生活の変化に出くわすこともある。特に、家族の生や死は子どもや保護者の人生へ影響する要因である。また、突発的な失業、事故、災害など不可避な事態に見舞われることもある。

　これらは、近年の社会変化を考えれば、決して縁遠いものではない。保護者理解をする過程には、誰にでも起こりうる大きな生活の変化が存在することを認識する必要がある。

2　保育者の「こころもち」と保護者理解

　本章で触れてきた保護者理解についての内容や事例は、日々の保育職務における出来事の部分的なものに過ぎない。保育専門職者となり、保育現場へ出たとき、より多様な家庭環境の中で生きる保護者と子どもに出会うことになる。

　そこでは、様々な側面で保護者理解を求められる場面があるだろう。そして、保護者理解において周知しておくべきことは、「保護者への理解は短い時間で容易に成されるものではない」ということである。これは、信頼関係の形成について述べたように、日々の子どもと保護者との相互的なかかわりの中で徐々に形成され、紡がれていくものだからである。

　保護者は、保育の営みに参加する共同体の一人であり、"ただ子どもを預け、迎えにくるための存在"や、"園行事の準備や運営などの保育内容を行うためだけに協力する存在"ではない。

　保護者との保育の連携は重要であるし、それなくしては園の行事等の運営も難しい場合がある。だが、これらは日々の人間関係が形成される過程のなかで、互いが信頼し理解を深める過程の中で築かれた一つの結果でしかないのである。

　一方、日々の保育者の職務現状は多忙であることも多い。保護者との信頼関係を形成するといっても、毎日一人ひとりの保護者と十分な時間

163

をもち、かかわることは難しい。したがって、ふとした瞬間の保育者の姿、何気ない立ち話、とある日の子どもの何気ない保育エピソードなどは、限られた時間のなかで人間関係を深める情報となり、保護者との相互理解のきっかけとなる。

　だからこそ、保育者は、変化する社会状況の情報収集に努め、担うべき職務内容を保育者自身が振り返り記録に残すことで互いの理解を共有する機会に備えておかなければならない。

　そのために、保育者は、日々の子どもの姿、保護者の姿について考え、学び続けていく必要がある。このような保育者の「こころもち」が、保護者理解を深めていくのである。そして、この「こころもち」は、子ども、保護者、また同僚といった保育の営みに参加するすべての人とのかかわりの尊さを意識し、保育職務へ従事する保育者の姿となるだろう。

　本章の「保護者理解」という内容を通し、保育という職務が人間同士の信頼関係に成り立つ職務だということを改めて強調した上で、保育者を志す者として、幼児を知るための保護者理解について考える機会としてほしい。

【参考文献】

岡田尊司著『愛着障害――子ども時代を引きずる人々』光文社新書、2011年
林邦雄・谷田貝公昭監修、髙玉和子編著『児童家庭福祉論』一藝社、2010年
内閣府「平成29年版 子供・若者白書」
　　http://www8.cao.go.jp（2018．5．31）、2017年
厚生労働省「平成29年 人口動態統計の年間推計」
　　http://www.mhlw.go.jp（2018．5．3１）、2017年

（山田 徹志）

第**15**章

保育の改善の視点

──保育記録・保育評価・全人的評価──

第**1**節　**保育における評価とは**

　保育とは、適切な人的・物的環境のもとで保育者により理想とされる保育目標に基づいた、適切な保育内容・保育方法が立案され、日々、子どもの心身の発達を助長するような活動が、日々展開されなくてはならない。

　それゆえに、保育を終了した後には、初期に設定した目標を達成することができたかどうか、また、子どもに効果的でよりよい結果となることができたかどうかを評価し反省することは、たいへん重要である。

　目標や内容、そして保育方法をふり返り、また子どもたちの発達がどのように行われどれだけの向上を促すことができたのかを、客観的に評価することにより、はじめてそれ以降の保育活動を改善し、より効果的に展開することが可能となる。

165

倉橋惣三（1882～1955）は著書『育ての心』の中で、「反省を重ねている人だけが、真の保育者になれる。翌日は一歩進んだ保育者として、再び子どもの方へ入り込んでいけるから」〔倉橋、2008a〕と述べ、保育の実践後に、保育者は自ら自分の保育をふり返り、評価を行うことの重要性を述べている。

　園においては、その日の保育が終了した時に、自らの保育を謙虚にふり返り反省することや、他の職員あるいは第三者が客観的に評価、反省する機会が少ない場合もあるだろう。だが、評価は自らの保育の効果を確認するために不可欠な行為であり、翌日の保育に関するフィードバックとしても欠かすことのできないものである。たとえ短い時間であっても、簡潔な反省点の列挙であったとしても、毎日繰り返し継続することにより、必ず、後々大きな効果につながることを信じて、日々実践することが重要といえよう。

　「幼稚園教育要領」（2017年告示）においても反省・評価と指導計画の改善に関して以下のように記されている。

○「幼稚園教育要領」第1章より
　指導の過程を振り返りながら幼児の理解を進め、幼児一人一人のよさや可能性などを把握し、指導の改善に生かすようにすること。その際、他の幼児との比較や一定の基準に対する達成度についての評定によって捉えるものではないことに留意すること。
（「第4_ 指導計画の作成と幼児理解に基づいた評価」の 4_幼児理解に基づいた評価の実施(1)）

　すなわち、反省と評価とは、子どもの「よさ」や「可能性」、および保育者の指導の改善の両方の側面から行うことが説かれている。

　同様に、「保育所保育指針」（2017年告示）も、指導計画の展開において次のように記されている。

○「保育所保育指針」第1章より
　保育士等は、自己評価における自らの保育実践の振り返りや職員相互の話し合い等を通じて、専門性の向上及び保育の質の向上のための課題を明確にするとともに、保育所全体の保育の内容に関する認識を深めること。
（「3_ 保育の計画及び評価」の (4)_保育士等の自己評価_ア-(ウ)）

第15章　保育の改善の視点ー保育記録・保育評価・全人的評価

　このように「幼稚園教育要領」と同様に、「保育所保育指針解説書」
も評価と反省により保育を改善していくことの重要性を明記している。
　保育の評価とは、具体的には保育者が自らの保育をふり返り、その成
果や保育内容をふり返る「自己評価」、保育者が行った保育を他者（同僚、
先輩、上司の保育者や保護者など）が客観的に評価を行う「他者評価」が
存在する。
　さらに、子どもの評価として、子どもの発達の過程や日々の姿の変化
などを記録し、ふり返る「保育日誌」や「指導要録」が存在し、いずれ
も重要な保育に関しての記録・評価として必要不可欠なものである。

第2節　見える保育とするために ── 保育日誌の重要性

　保育を評価するのは保育者自らだけ、ではない。評価をする者には同
僚、先輩、上司の職員も、また保護者や、第三者（保育学者、大学など
の指導教諭など）の場合もあるだろう。もちろん自己評価だけでは十分
に客観的な評価とは言えず、必ず他者による評価がそこに存在すること
は言うまでもない。それでもまず第一番目の評価としては、自分の行っ
た保育を見つめなおし、反省し改善していくことを無視することはでき
ないだろう。
　その場合に、少しでも客観性を高め、的確に自己評価を行うために欠
かせないのが「記録」である。特に日々保育を終了したあとに記す保育
日誌は、自分のためにも保育施設のためにも重要な記録である。
　実習生の時に日々記した（記さなくてはいけなかった）日誌を、難しく、
つらい体験として覚えている保育者も多いと思うが、その日に発生した
出来事や、印象的な子どもの行動などを逐次記録しておくことは、子ど
もの発達を捉えるうえでたいへん重要になる。
　個人的には、実習生時代の日誌とは異なり、保育者の記す保育日誌は
正確な文章となっていることは重要ではないと思う。記載方法がどうで

167

あれ、その日に起こった出来事が、「いつ」「どこで」「どのように」生まれ、それに伴ってどのような変化が、子どもの中に生まれたのかが明確に記載されているのであれば、長い文章として成り立っていなくてもよい。

　記録する場合に注意すべきことは、往々にして目立ちやすく、注意を引きやすいような特定の子どもの行動に偏りがちになることである。

　しかし、できるだけ広い視野から、すべての子どもがどのような行動を行っているかに関して記さなくてはいけないことは言うまでもない。またその場合には、子どもの姿だけではなく、保育者の行動や対応も記載し、それに対し子どもがどう反応したかに関しても記録を残すことも重要である。

　また、けがや事故などが保育時間内に発生した場合は、その発生場所・時間、その場に誰が存在し、どのように介在して、そのときに保育者がいかに対応したかに関して、できるだけ細かく記載することが望ましい。発生した事象を故意に隠したり、改竄することなく端的に記録を残すことで、その後の保育改善や問題解決などに大きく影響することも多い。そのためにも、事故やけがに限らず、保育施設内において発生した特記すべき事象は、必ず文字として残る形で記録しておくべきであろう。

第3節　指導要録の記し方

　指導要録の正式名称は、「幼稚園幼児指導要録」という。学校教育法施行規則第24条第1項、および第28条第4号によって規定される、幼稚園における記録・作成と、一定期間の保存が義務づけられた公的な記録簿である。保存期間は同施行規則により、学籍の記録が20年、指導の記録が5年と定められ、幼児本人および保護者に関しての事項、学級の名称、園長の氏名、担任の氏名、および入園の卒園の年月日、進学する小学校の名称などを記載するようになっている（途中で退園、転園した場合にはその日にちと、転園先なども記す）。

小学校に進学する場合、指導要録はコピーを行い、原本証明を添付した形で、進学先の小学校に送付することになっているが、途中で他の幼稚園に転園する場合にも、引き継ぎ・申し送りの書類として送付する。

　指導に関する記録は毎年ふり返り、その発達過程と結果に関しての要約を担当者が記入するが、発達の状況の欄には幼稚園教育要領に記された「5領域」それぞれ、3項目ずつの「ねらい」の中から、向上が顕著だったと考えられる項目にしるしをつけるが、これは他の子どもたちと比較しての評価ではない、という点が重要である。

　指導や重点等の欄には、それぞれ1年間の学年ごとにおける指導の重点と、特に重視して指導した内容を具体的に記載する。指導上参考となる事項には、園における生活を通して総合的に把握することのできた子どもの発達と姿、それに関しての保育者の指導の反省や評価を、できるだけ客観的に、なおかつ具体的で簡潔に記載することが望ましい。

　また、保育日誌同様、園生活において万一、けがや事故が発生した場合、あるいはなんらかの特記すべき事項が発生した場合には、その日時なども追記して、記録として残しておくことも大切である。詳細な記録が残されることで、保護者との折衝や、対応の際に重要な意味を持つことも多く、また、園という組織においても、その後の対策・改善の参考として、さらに、後々の運営上においてもきわめて重要である。

　そのためにも、万一の際には、誰が、どこで、どのような理由で事象が発生し、それに対して保護者・園がどのように対応を行ったのかを、できるだけ克明に記しておくことが必要とされる。

　指導要録は通常、1年間の保育の学年度末に、つまり、年度の終わる2月や3月頃に記す場合も多く、その時期に保育者が複数名の園児の指導要録を平等、かつ適切に記すことは、決して簡単なことではない。

　また、すでに述べたとおり、指導要録は園の重要な記録として、長い期間保存される書類であるために、その記載に関しては十分な配慮と、ていねいさが望まれる。

そのために保育者は、日々の子どもの成長発達をノートやメモなどに記し、常日頃から客観的に記録を残すように心がけることも大切である。その意味で、第2節で述べた「保育日誌」は重要であると言える。子どもたちのために、保育者自らのために、そして、よりよい記録を後世に残すためにも、日々の努力を怠らないように留意すべきである。

　具体的な記載方法としては、自分の視点をさだめ、何を記録し、何を伝えるのかを明確にしておくことと、抽象的な内容ではなく、できるだけ具体的で、詳細な形であることが望ましい。

　また、保育者が何を伝えたいのか、その保育者の主観もたいへん重要である。子どもの姿や思いを主観的に捉え、記された保育記録が、その後多くの（複数の）保育者が目にすることで、客観的なものになっていくことが重要であるといえよう。

第4節　子どもを、全体として理解し、評価すること

　適切な記録を記し、日々の保育を評価することで見つめなおし、子どもと共によりよい方向に歩むことのできる保育者こそ、はじめて効果的で適切な保育活動を展開することが可能になると言える。

　そこで、さらに重要となるのが、子どもの成長発達についても的確に評価する行為である。「子どもを評価する」ためには、保育の結果現れた変化を、保育者が正確に捉えることが必要となる。

　まず、保育に参加する以前の子どもの心身の発達状況について的確に捉え、その子の保育の終了後の変容した度合いと比較することが、重要である。

　もちろん、その変化のすべてが、園における保育の影響によるものだけではなく、家庭環境による影響の場合もある。それでも、家庭と保育施設と密接にかかわりあい、さらによい結果を生み出すような相乗効果となりえることが望ましい。

第15章　保育の改善の視点─保育記録・保育評価・全人的評価

　さてそれでは、子どもの心身の発達状況、発達変化を適切に捉えることとは具体的にどのようなことであろうか。例えば、小学校以上の場合、さまざまな試験などを用いることで、数値として達成度を評価することが可能となる。もちろん、教科の中には数値としての評価を行えないたぐいの教科や、行うべきではない性格の成長・発達も存在しているが、それでも、目で見える形で評価を判定される機会が多いことは事実である。

　しかし、幼児期における子どもの成長発達段階では、明確に目に見える形のものや、数字で具体的に達成度を表すことができない場合が、ほとんどである。例えば言語の発達として、他者の話している言葉を耳で理解し、それに対して口で表現して会話することや、本を目で追ったり、口で音読するという行為は、具体的に数値や、形として評価されるものにはなりにくい。しかし、例えばこれが、鉛筆を持ってひらがなを書く、漢字を書く、数字を書く、といった形になった場合、大変判定しやすく、達成の具体的な度合いが評価に結びつきやすいといえる。

　園における成長・発達の評価として、いまの例の中では「人の言っていることを聞く」「口で伝える」、あるいは「簡単な文字などを読む」ことまでが言葉の習得の基礎として重要である。それ以降の「書く」という段階は、本来は小学校において行うべきものといえよう。しかし、この中では「書く」という段階がいちばん形として見えやすく、その達成度合いが分かりやすいものとなっているために、つい「書く」ことの達成度合いで、言語の習得の評価を行いがちである。

　だが本来、すべての幼児教育は、達成度が見えにくい行動が多い。数ヵ月、あるいは数年、子どもと共に保育生活を行い、その日々の変化を保育者が見逃すことなく把握することで、はじめて評価が可能となる要素も多い。2年・3年という継続した毎日の保育生活の中で、わずかな歩みの速度の中からでも、子どもの発達や成長の進化を察知し、それを記録し、形として残しておくことこそが、保育者に望まれる「見えないものを、見える形に置き換える」重要な仕事なのである。

171

第5節　子どもの天性の素質を理解、評価する重要性

　このように継続した時間の中で、子どもの心身の成長発達する姿を捉え、評価を行うことは保育者にとって欠かせない行為である。

　ここであらためて強調しておきたいことは、園における保育評価は、相対的な評価ではなく、個々の子どもを絶対的、個別的に評価しなくてはいけない、という点である。

　一人ひとりの子どもは、性格も違えば、成長発達の速度も異なる。さらにそれ以上に重要なことは、その子が本来持って生まれた天性を見つけ、評価し、さらに伸ばしていくことである。

　知（知的なもの）・情（情緒的なもの）・意（意思のようなもの）のように、人間が本来持っている特性は根本的に同じであったとしても、それぞれにおいてそのバランスも異なれば、強さも異なる。その点を忘れることなく、子どもを全人的に評価することが保育者には必要とされよう。

　玉川学園の創始者である小原國芳（1887 ～ 1977）は、次のように述べている。

　「人間に真によき教育を施し、神より与えられたる自然をそのまま伸ばしていって、ただ、各自は各自の独特の世界を実現しながら、しかも、そこに各自の完全境が成就されるのではないでしょうか」　　　［小原、1994］

　つまり、子どもたちが生まれながらに持っているかけがえのない才覚や特色を生かすためにも、その素質をしっかりと保育者が把握し、それぞれの子どもに合わせた評価を行うことが必要になるのである。

　例えば、体育的な活動が得意で大好きな子どもがいたとする。

　もしもその子が絵画・工作や音楽が苦手だった場合、評価を行うときに体育の評価から絵画や音楽の分を差し引いて（減点して）評価を行ったり、全科目的にバランスよく、円満な子どもになるようにとの指導、

評価を行うことは、本来正しいことではない。

その子どもの得意な点について大いに評価すると同時に、苦手な分野について、他の子どもと比較して、たとえ達成度合いが少なくとも、進みの度合いが遅くとも、もし保育活動の中で日々努力し、少しでも前進したのであれば、その点を必ず評価することを忘れてはならない。

その子どもの持つ特性は、その子どもだけのものである。その点を無視して、全園児がすべての項目において同じようにまんべんなく、バランスよく成長・発達することにだけ目を向けることは、明らかに間違いである。

集団生活の中においては、なかなか卓越した才能だけに特化して指導したり、そこだけを切り取って評価したりすることは難しい。それでも、その子が生まれながらに与えられた才能や尊い性格を見出して認め、その分野をさらに伸ばしていくことができるように援助をすることこそ、大切である。

そのためにも、保育者は日々の保育生活の中で、その子どもがどのような性格で、どの分野が得意か、あるいは苦手か、そしてどの点をいちばん評価し、伸ばしていくことが望ましいのかについて、子どもが発信している行動・言語や、子どもが保育者に伝えようと努力している情報から感じ取り、くみ取らなくてはいけない。

それは、子どもの言葉や行動のように表れる場合もあれば、目に見えず、まだ埋もれたままの状態である場合もあろう。それでも、子どもの芽生えようとしている特性を、保育者は優しく感じ取り、見守り、手を差し伸べていくことが必要である。その先の段階において、はじめて子どもを個々に評価することができよう。

実際には、よく言われるような「個々に評価する」「その子の良い面を発見する」ということは、決して簡単ではないし、一朝一夕に築かれるものではない。子どもとの保育生活を一日一日大切に積み重ね、また、子どもと会話や心のコミュニケーションのキャッチボールを続けること

で、お互いの信頼の上にはじめて生み出されるものである。

　そのためにも、保育者は毎日の保育生活を心から楽しみながらも、毎日研讃し、さまざまな技術や知識を深め、子どもを理解することへの努力を行うことが肝要である。

　ここまで、保育における「評価」の必要性と、その方法について述べてきた。最後に改めて述べたいのは、子どもの評価を行うということは、保育者自らが行ってきた保育と自分とを見つめなおす行為でもあるということである。

　保育カリキュラムを立案し、保育活動を行い、それがどのような影響を子どもに与え、心身の発育に貢献することができたのかを評価することは、すなわち自分の実践した保育活動が適切であったかどうかを見つめなおす機会ともなろう。

　子どもと共に日々の成長を喜び合いながら、自らもよりよい方向へと歩みつつある保育者であることが重要である。そのためにも、子どもを、そして自分そのものを客観的に評価し、日々反省し、見つめなおし、前へ進むことのできる保育者であることが必要不可欠なのである。

　最後に再度、倉橋惣三の言葉を引用して、本書の最終章を終えたい。

> 「幼稚園で、より多く教育されるものは、——より多くといわないまでも、幼稚園教育者はたえず幼児に教育される。教育はお互いである」
>
> ［倉橋、2008b］

　これは、保育所・認定こども園においても同じことである。

第15章　保育の改善の視点―保育記録・保育評価・全人的評価

【引用・参考文献】

小原國芳著『全人教育論』玉川大学出版部、1994 年、p.23

倉橋惣三著『育ての心　上巻』フレーベル館、2008 年 a、p.49 ／ 2008 年 b、p.47

佐伯胖著『幼児教育へのいざない　増補改訂版』東京大学出版会、2014 年

田中亨胤・名須川知子編著『保育内容総論』ミネルヴァ書房、2006 年

中田基昭著『子どもから学ぶ教育学』東京大学出版会、2013 年

林邦雄・谷田貝公昭監修、大沢裕・高橋弥生編著『保育者論』一藝社、2011 年

無藤隆著『幼児教育のデザイン ── 保育の生態学』東京大学出版会、2013 年

谷田貝公昭編集代表『新版 保育用語辞典』一藝社、2016 年

（野末 晃秀）

監修者・編著者紹介

[監修者紹介]

谷田貝公昭 (やたがい・まさあき)

目白大学名誉教授

[主な著書]

『改訂新版・保育用語辞典』（編集代表、一藝社、2019年）、

『コンパクト版 保育内容シリーズ［全6巻］』（監修、一藝社、2018年）、

『新版 実践・保育内容シリーズ［全6巻］』（監修、一藝社、2018年）、

『しつけ事典』（監修、一藝社、2013年）、

『絵でわかるこどものせいかつずかん［全4巻］』（監修、合同出版、2012年）

ほか多数

[編著者紹介]

大沢　裕 (おおさわ・ひろし)

松蔭大学コミュニケーション文化学部 教授

[主な著書]

『教育の知恵60 ── 教師・教育者を励まし勇気づける名言集』（単編著、一藝社、2018年）、

『コンパクト版 保育内容シリーズ・言葉』（単編・共著、一藝社、2018年）、

『コンパクト版 保育者養成シリーズ・新版 保育内容総論』（共編・共著、一藝社、2018年）、

『保育者養成シリーズ・教育原理』（単編・共著、一藝社、2012年）、

『幼稚園と小学校の教育 − 初等教育の原理』（共著、東信堂、2011年）、

『新・保育内容シリーズ・人間関係』（共編著、一藝社、2010年）、

『ペスタロッチー・フレーベル事典』（共著、玉川大学出版部、2006年）

ほか多数

［執筆者紹介］

大沢　裕（おおさわ・ひろし）　　　　　　　　　　　　　［第1章］

　　　　編著者紹介参照

杉山倫也（すぎやま・みちや）　　　　　　　　　　　　　［第2章］

　　　　玉川大学教育学部教育学科教授

斎藤　真（さいとう・しん）　　　　　　　　　　　　　　［第3章］

　　　　新潟こども医療専門学校講師

富山大士（とみやま・ふとし）　　　　　　　　　　　　　［第4章］

　　　　こども教育宝仙大学こども教育学部幼児教育学科准教授

小原倫子（おばら・ともこ）　　　　　　　　　　　　　　［第5章］

　　　　岡崎女子大学子ども教育学部教授

橋村晴美（はしむら・はるみ）　　　　　　　　　　　　　［第6章］

　　　　愛知東邦大学教育学部子ども発達学科准教授

松田久美（まつだ・くみ）　　　　　　　　　　　　　　　［第7章］

　　　　北翔大学短期大学部こども学科准教授

治田哲之（はるた・てつゆき）　　　　　　　　　　　　　［第8章］

　　　　金城学院大学人間科学部現代子ども教育学科准教授

細野美幸（ほその・みゆき） [第9章]

鎌倉女子大学短期大学部初等教育学科准教授

稲場　健（いなば・たけし） [第10章]

新潟こども医療専門学校こども分野講師、発達おうえん隊HOP隊長

大槻千秋（おおつき・ちあき） [第11章]

帝京科学大学教育人間科学部こども学科准教授

野澤純子（のざわ・じゅんこ） [第12章]

東京家政大学子ども学部子ども支援学科准教授

塚越康子（つかごし・やすこ） [第13章]

群馬医療福祉大学非常勤講師、群馬県スクールカウンセラー

山田徹志（やまだ・てつじ） [第14章]

玉川大学脳科学研究所研究員

野末晃秀（のずえ・あきひで） [第15章]

松蔭大学コミュニケーション文化学部非常勤講師、中山幼稚園園長

装丁・図版作成　アトリエ・プラン

新版 幼児理解
ようじ　りかい

2017年3月25日	初版第1刷発行
2018年7月20日	新版第1刷発行
2019年3月25日	新版第2刷発行

監修者　谷田貝公昭
編著者　大沢　裕

発行者　菊池　公男

発行所　株式会社　一藝社

〒160-0014　東京都新宿区内藤町1-6
Tel. 03-5312-8890　Fax. 03-5312-8895
E-mail : info@ichigeisha.co.jp
HP : http://www.ichigeisha.co.jp
振替　東京00180-5-350802
印刷・製本　シナノ書籍印刷株式会社

©Masaaki Yatagai & Hiroshi Osawa
2018 Printed in Japan
ISBN 978-4-86359-176-9　C3037

乱丁・落丁本はお取り替えいたします

コンパクト版 保育内容シリーズ（全6巻）

◎谷田貝公昭（監修）／（各巻とも）定価：本体2,000円＋税／A5判・並製・148頁

▶ 健康
谷田貝公昭・髙橋弥生（編著）

米谷光弘・岩城淳子・藤村透子・谷田貝円・範衍麗・牧野共明・加藤達雄・畑中ルミ・今井康晴・塩野谷祐子・甲賀崇史・大森宏一・平松美由紀（著）

Contents 子どもの健康とは／現代の子どもの健康の諸問題／子どもの心身の成長／子どもの運動機能の発達／基本的生活習慣の自立／安全保育と健康／領域「健康」のねらいと内容－3歳未満－　ほか

ISBN978-4-86359-150-9 C3037

▶ 人間関係
髙橋弥生・福田真奈（編著）

宮本浩紀・副島里美・村上八千世・髙木友子・大﨑利紀子・大沢裕・長谷川直子・小沼豊・山口弘美・小林怜美・五十嵐淳子・伊藤かおり・八幡眞由美（著）

Contents 人との関わりの基礎－人間関係の発達課題／子ども理解の必要性／子どもを取り巻く環境の問題／遊びと人間関係／集団生活と人間関係／就学までに育てたい人間関係　ほか

ISBN978-4-86359-151-6 C3037

▶ 環境
大沢裕・野末晃秀（編著）

五十嵐紗織・長谷秀揮・余公敏子・二子石諒太・照屋建太・東内瑠里子・河野崇・利根川彰博・馬場結子・島川武治・岩渕善美・副島里美・寺島明子（著）

Contents 保育内容「環境」の意義／領域「環境」の概要／「環境」をより良く理解するために－各学問の知見から／子どもの発達と環境／子どもと環境との関わり／自然に親しむ－生命の尊さ　ほか

ISBN978-4-86359-152-3 C3037

▶ 言葉
大沢裕（編著）

原子はるみ・秋山智美・林典子・古金悦子・三好伸子・佐野友恵・川北典子・橋本樹・野川智子・川本榮子・田中君枝・和田美香・高尾淳子・吉田茂（著）

Contents 保育内容"言葉"の意義／領域「言葉」の概要／言葉をよりよく理解するために－各学問の知見から／言葉の発達の概要／自己表現・コミュニケーションツールとしての言葉　ほか

ISBN978-4-86359-153-0 C3037

▶ 音楽表現
渡辺厚美・岡崎裕美（編著）

立本千寿子・小澤和恵・小澤俊太郎・山本学・小畠エマ・飯泉祐美子・大坪義典・川口潤子・植田恵理子・小井塚ななえ・赤津裕子・井本英子・内山尚美・東ゆかり（著）

Contents 幼児教育における音楽／音楽的活動と他領域との関係／乳幼児の発達と音楽的発達／代表的な音楽教育家とその理論／幼児と日本の伝統音楽／子どもの歌の歴史と音楽教育史　ほか

ISBN978-4-86359-154-7 C3037

▶ 造形表現
竹井史（編著）

山村達夫・宮野周・藤田雅也・福井一尊・塩見知利・石川博章・中尾泰斗・おかもとみわこ・手良村昭子・真宮美奈子・難波章人・松下明生・森高光広（著）

Contents 保育内容「表現」の意義／領域「表現」の概要と造形／造形表現と感性／日常の遊びから生まれる造形活動／園庭における乳幼児の造形活動／保育室における造形活動と保育者の役割　ほか

ISBN978-4-86359-155-4 C3037

◎ご注文は最寄りの書店または小社営業部まで。小社ホームページからもご注文頂けます。